おくすり飯114

大友育美

はじめに

薬膳ではお米にはパワーがあると
考えられています。
気力や体力をアップしたいときには、
まずはごはんを食べることが元気への近道。

おかずをのせて手軽に食べられる「のっけ飯」は
さらなるプラスの効果も期待でき、
忙しい現代人におすすめです。

この本では薬膳の効能で8つに分類した
「おくすり飯」のレシピを紹介しています。
簡単に作れるものばかりなので
すぐに毎日の食事に取り入れられるはず。

自分や家族の体調に合わせて選んだり、
その日の気分で選んだり。
様々な不調に効果がある
「おくすり飯」を美味しく食べて、
健康と美しさを手に入れましょう。

8つの効能

食材の効能は主に8種類に分類できます。それぞれの働きを
うまく組み合わせて食事に取り入れることで、体調は変わっていきます。

1 体を温める

様々な不調のもととなる冷えを改善。体を温めることで血流もよくなり、代謝も高まります。薬味やスパイスなど、手軽に取り入れられるものも。

- **主な食材** しょうが／にんにく／にら／長ねぎ／鶏肉／こしょう　など
- **こんなときに** 冷え／疲れやすい／風邪／腹痛／寒け／むくみ　など

2 エネルギーを補う

エネルギーのもととなる「気」を作り出します。肉や魚は消化に負担がかかるものが多いので、一度に大量に食べず、毎日適量摂ることが大事。

- **主な食材** 肉／魚／じゃがいも／さつまいも／ほうれん草　など
- **こんなときに** 疲れやすい／風邪をひきやすい／気力がない　など

5 消化を助ける

胃の機能を高めて消化を促進します。消化力が高まると栄養分がしっかり全身に送られるので、疲労回復にも効果が。加熱調理がおすすめ。

- **主な食材** キャベツ／大根／にんじん／じゃがいも／米　など
- **こんなときに** 胃もたれ／胃痛／胸やけ／食欲不振　など

体をうるおす

体内にきれいな水を作り出してうるおし、水分不足が引き起こす症状を改善。アンチエイジングに有効なのはもちろん、免疫力のアップにも。

- **主な食材** 卵／トマト／アスパラガス／乳製品／オリーブオイル　など
- **こんなときに** 乾燥肌／ドライアイ／免疫力低下／乾いたせき　など

巡りをよくする

栄養を補うと同時に、体液や酸素を効率的に巡らせます。栄養は主に夜に作られるので夕食に取り入れて。温める食材と摂るとより効果的です。

≡ **主な食材**　いか／たこ／グレープフルーツ／ピーマン　など
≡ **こんなときに**　貧血／肩こり／腰痛／筋肉痛／生理痛／頭痛　など

4 デトックス

体内にたまっている毒素や余分な水分を排出します。香辛料や薬味野菜などの温める食材と合わせて摂り、加熱調理するのが理想的です。

≡ **主な食材**　えのきだけ／しいたけ／まいたけ／豆腐／海藻類　など
≡ **こんなときに**　むくみ／関節痛／消化不良／便秘／二日酔い　など

熱を冷ます

体内の熱を冷ますことで炎症を改善します。イライラしているときのクールダウンにも。冷えが気になる人は温める食材と合わせて摂取を。

≡ **主な食材**　トマト／なす／きゅうり／白菜／豆腐／ひじき　など
≡ **こんなときに**　皮膚やのどの炎症／にきび／ほてり／夏バテ　など

心に効く

体液を補い、気を巡らせることで心を安定させます。ストレスからくる精神的な不調が気になる人に。特に夜に取り入れると効果的です。

≡ **主な食材**　あさり／春菊／セロリ／ブロッコリー／小麦　など
≡ **こんなときに**　イライラ／不眠／不安／うつ／目の不調　など

〈もくじ〉

- 2 はじめに
- 4 8つの効能
- 8 米のこと
- 10 炊くときのこと
- 12 冷凍保存のこと

第1章 体を温める

- 14 小ねぎのじゅー飯
- 15 鶏から南蛮飯
- 16 納豆アーモンド飯
- 17 にらのり飯
- 18 ねぎとこしょうの豚汁飯
- 19 かぼちゃのしょうがヨーグルト飯
- 20 ねぎ塩かまぼこ飯
- 21 らっきツナパセリ飯
- 22 さば缶とかぶのソテー飯
- 23 まぐろユッケ風飯
- 24 チキンライス

第2章 エネルギーを補う

- 26 ハムエッグ飯
- 27 蒸しブロッコリー飯
- 28 三つ葉しらす飯
- 29 明太とろろ飯
- 30 ホイコーロー飯
- 31 三宝菜飯
- 32 豆苗の梅オイスター飯
- 33 えびチリ飯
- 34 ぶりのごましょうゆ飯
- 35 レバーガーリック飯
- 36 エスニックスープ飯
- 37 焼肉サルサ飯
- 38 **COLUMN ❶** おくすりふりかけ

第3章 巡りをよくする

- 40 にんじんとレタスのたらこマヨ飯
- 41 キャロットラペ飯
- 42 よだれ豚風飯
- 43 鮭のねぎオイル飯
- 44 玉ねぎ飯
- 45 なすのチーズソース飯
- 46 塩辛飯
- 47 栗とマッシュルームのガーリック飯
- 48 ししゃも飯
- 49 たらと焼きパセリ飯
- 50 ルーローハン風飯

第4章 デトックス

- 52 みぞれきのこ飯
- 53 青のりえのき飯
- 54 じゃこピー春菊飯
- 55 しそナムル飯
- 56 アスパラの甘辛飯
- 57 里いものじゃこごまサラダ飯
- 58 めかぶとトマトの酸辣湯風飯
- 59 もずく豆乳飯
- 60 梅チキン飯
- 61 豆腐梅じゃこ飯
- 62 豆腐バーグののりソース飯
- 63 ピリ辛春雨飯
- 64 **COLUMN ❷** おくすりスープ

第5章 消化を助ける

- 66 大根のあっさり煮飯
- 67 味噌バターコーン飯
- 68 カリフラワーの梅コンソメ飯

- 69 ベトナムなます飯
- 70 じゃがいも煮っころがし飯
- 71 五目豆飯
- 72 鯛ごま飯
- 73 牛飯
- 74 さつまいもリゾット飯
- 75 豆オムレツ飯
- 76 ガンボ風スープ飯

第6章 体をうるおす

- 78 焼きトマト飯
- 79 塩もみズッキーニ飯
- 80 アスパラの明太バター飯
- 81 ほたてと水菜の混ぜ飯
- 82 煮きゅうり飯
- 83 長いも味噌チーズ焼き飯
- 84 洋風鮭茶漬け
- 85 たことゴーヤの梅ヨーグルト飯
- 86 冬瓜とさつま揚げのあんかけ飯
- 87 トマトマーボー飯
- 88 れんこんペペロンチーノ飯
- 89 りんご豚飯
- 90 **COLUMN ❸** おくすり浅漬け

第7章 熱を冷ます

- 92 熱々ゆでレタス飯
- 93 なす味噌飯
- 94 アボカドのさっと煮飯
- 95 しじみスープ飯
- 96 きゅうりと桜えびの塩炒め飯
- 97 ハーブ大根飯
- 98 豆もやしのクッパ飯
- 99 ウーロン茶飯
- 100 焼きたけのこ飯
- 101 ごぼうと厚揚げのドライカレー飯
- 102 トマトゴーヤチャンプルー飯

第8章 心に効く

- 104 クレソンのふんわり卵飯
- 105 ナポリタン飯
- 106 ラーパーツァイ風飯
- 107 ジャスミンえび飯
- 108 あさりもやし飯
- 109 黒ごまスナップエンドウ飯
- 110 チンゲン菜蒸し鶏飯
- 111 豚らっきょう飯
- 112 ひじきチャーハン
- 113 ビリアニ風アーモンド飯
- 114 **COLUMN ❹** おくすり茶

特別編 おくすりおにぎり

- 116 体を温める
- 117 エネルギーを補う
- 118 巡りをよくする
- 119 デトックス
- 120 消化を助ける
- 121 体をうるおす
- 122 熱を冷ます
- 123 心に効く

- 124 おわりに
- 126 主な食材別索引

［本書の使い方］　●1カップ=200㎖（200cc）、大さじ1=15㎖（15cc）、小さじ1=5㎖（5cc）、米1合=180㎖（180cc）です。
●電子レンジの加熱時間は600Wのものを使用した場合の目安です。ご使用の電子レンジのW数に合わせて、様子を見ながら加熱してください。　●レシピには目安となる分量や調理時間を表記しておりますが、様子を見ながら加減してください。
●「野菜を洗う」「皮をむく」「へたを取る」などの基本的な下ごしらえは省略しております。

米のこと

本書のメニューは白米を使用していますが、
ベースのごはん次第でさらに効能を後押しすることも可能です。
米の種類を変えたり、雑穀や豆を足したりして、
より自分の体に合った「おくすり飯」を作りましょう。

01
〔消化を助ける〕
雑穀

消化不良、胃腸虚弱に効果あり。特に、冷え症の人は赤米、きび、黒米を単体で摂るのがおすすめ。
〈炊き方〉市販品を白米に足して通常通りに炊飯。加える量によって水分量が変わることがあるので袋の表示を参考にしてください。

02
〔エネルギーを補う〕
玄米

漢方では生薬として扱われる玄米。体力を補うので、疲れやすいときに。むくみ、便秘が気になるときにも。
〈炊き方〉軽くこすり合わせて表皮に傷をつけながら洗い、2時間〜ひと晩浸水。玄米モードのない炊飯器では水の分量を玄米の1.5倍に。塩を1つまみ入れるとえぐみが抑えられます。

03

〔体を温める〕

もち米

独特のねばり気が胃を温め、疲労回復や腹痛に効果が。ただし、血行不良の人は食べすぎに注意して。
〈炊き方〉白米3に対してもち米1の割合で加え、普通の白米と同様に炊飯器で炊きます。水加減は白米よりやや少なめに。

04

〔デトックス〕

小豆（上）・黒豆（下）

どちらも余分な水分を排出する効果があります。特に小豆は下半身、黒豆は全身のむくみに効果あり。
〈炊き方〉下ゆでした豆を米と一緒に炊きます。水煮したものも売られているので、炊き上がりに混ぜ込めば、より手軽です。

05

〔熱を冷ます〕

押し麦

体にこもった熱を取り除き、胃腸を整えます。食物繊維が豊富でデトックス効果があり、むくみにも。
〈炊き方〉白米に対して1〜2割程度加えて。白米と同様に炊飯できますが、加える量によって水分量が変わることがあるので袋の表示を参考にしてください。

炊くときのこと

保存方法や洗い方、浸水など、ちょっとしたポイントをおさえるだけで
ごはんはぐっと美味しく炊けます。
毎日のことだから、しっかり覚えて習慣にしたいもの。
鍋での炊き方もご紹介します。

炊飯器で炊く

普通炊きモードは浸水時間が含まれているので、洗ってすぐ米を炊くことができます。早炊きモードは浸水時間がなし、もしくは短くなっているので、ややかための炊き上がりに。

鍋で炊く

炊飯器より早く炊けるのが鍋。米と水（米1合に対し200mlが目安）を入れ、ふたをして中火にかけましょう。沸騰したら弱火にして10〜15分炊き、火をとめて10分蒸らして。

米の保存方法

買ったまま袋に入れておくと、乾燥し、湿気やにおいを吸ってしまいます。密閉容器にうつし、冷蔵庫の野菜室で保存するのがおすすめ。

浸水させながら保存も

洗った米を水きりすれば、ポリ袋に入れて保存することも可能。この間に浸水できるので、すぐに早炊きモードで炊けます。保存期間は2日。

美味しいごはんの炊き方

1 正確に米を計る

米用の計量カップは1カップ＝1合（180㎖）になっています。多めに入れて、箸か指をカップのふちに沿って動かし、盛り上がっている部分を落として計りましょう。

2 米を洗う

ボウルに計量した米を入れ、水を加えてさっと混ぜて捨てます。最初は水をよく吸うのでミネラルウォーター（軟水）を使うのもおすすめ。次に、力を入れずに10〜15回つかむようにして米に水を入れ[A]、ひと混ぜして捨てましょう。あとは水を4回入れ替えるだけ。少し白濁した状態で大丈夫です[B]。

3 さっくり混ぜる

炊飯器の内がまや鍋に米を入れ、分量の水を加えて炊きます。炊き上がったら縁からしゃもじを入れ、上下を返しながらさっくり混ぜてほぐし[C]、余分な蒸気を抜きます。ほぐさずにそのままにしておくと、食感が悪くなるので要注意です。

炊飯器での保温は短時間にし、できるだけすぐに小分けにして冷凍保存（12ページ参照）がおすすめです。

冷凍保存のこと

ごはんは炊飯器で保温をしておくと、パサついて
美味しくなくなるので、食べきれない分は保存用に分けましょう。
冷凍すれば約2週間保存できます。
食べるときに電子レンジで温めてください。

1　1膳分取り分ける

ラップを広げて炊きたてのごはんを
のせます。茶碗か、1膳分が入る保
存容器にラップをしいて入れれば、
同量ずつ分けられます。

2　ラップで包む

容器からラップごと取り出して包み
ます。冷凍庫の中で重ねやすいように、
少し平らにして四角く形を整えてお
くのがおすすめです。

3　冷凍する

粗熱が取れたら冷凍庫へ。さらにチ
ャックつき保存袋に入れると、より
美味しく保存できます。おにぎりに
してから冷凍しても。

第1章

体を温める

「冷えは万病のもと」と言いますが、冷えは健康だけでなく、肌荒れやくすみなどの美容の悩みを引き起こす原因にもなります。体を温める食材をごはんと一緒に食べて、効率的に冷えを取り除きましょう。

小ねぎのじゅー飯
熱したごま油をかけて香りよく

材料〈1膳分〉

ごはん ● 茶碗1膳
小ねぎ ● 3本
桜えび ● 大さじ1
しょうゆ ● 小さじ1
ごま油 ● 小さじ2

作り方

1. 小ねぎは小口切りにしてボウルに入れ、桜えび、しょうゆを加えて混ぜ、ごはんにのせる。
2. フライパンでごま油を熱し、薄く煙が出たら1にかける。

おくすり食材〔温める〕
小ねぎは寒けのする風邪、お腹の冷えに効果あり。
桜えびは温める作用が強く、疲れやすいと感じるときにおすすめ。

鶏から南蛮飯
油で揚げずにレンジで簡単

≡ 材料〈1膳分〉

ごはん ● 茶碗1膳
鶏もも肉 ● 1/3枚
しょうゆ ● 小さじ2
小麦粉(または片栗粉) ● 大さじ2
紫玉ねぎ(玉ねぎでも可) ● 1/4個
A 酢 ● 大さじ3
　砂糖 ● 大さじ1
　塩 ● 小さじ1/4
サラダ油 ● 小さじ2

≡ 作り方

1. 鶏肉は一口大に切ってポリ袋に入れ、しょうゆを加えてもみ込み、小麦粉をまぶす。紫玉ねぎは薄切りにする。
2. ボウルにAを混ぜ合わせ、紫玉ねぎを加える。
3. 耐熱皿に鶏肉を並べてサラダ油をかける。ラップをしないで電子レンジで4分加熱し、2に加えて混ぜ合わせ、ごはんにのせる。

おくすり食材〔温める〕
鶏肉はお腹を温め、気を補なってくれます。
紫玉ねぎ、酢と合わせて「お疲れ冷え」のときに。

第1章 体を温める

納豆アーモンド飯
アーモンドで食感と栄養をプラス

材料〈1膳分〉
ごはん ● 茶碗1膳
納豆 ● 1パック
A │ 納豆のたれ
　　　（パックに添付されているもの）● 1袋
　　│ しょうゆ ● 小さじ1
ベビーリーフ ● 少々
卵黄 ● 1個
アーモンド ● 3粒

作り方
1. ボウルに納豆と**A**を混ぜ合わせる。
2. ごはんにベビーリーフを広げ、1、卵黄をのせ、ざく切りにしたアーモンドをちらす。

おくすり食材〔温める〕
納豆は冷えからくる肩こりや、生理痛などの症状を改善。
さらに卵とアーモンドが「血」を補い、体をうるおしてくれます。

にらのり飯

ピリ辛味で食べてすぐ体がポカポカに

材料〈1膳分〉

ごはん ● 茶碗1膳
にら ● 1/3束
A｜しょうゆ、コチュジャン、ごま油 ● 各小さじ1
もみのり、白ごま ● 各適量

作り方

1. にらは3cm長さに切り、さっとゆでる。
2. ボウルにAを混ぜ合わせ、1を加えてあえる。
3. ごはんにもみのりをちらして2をのせ、白ごまをふる。

おくすり食材〔温める〕
にらは足腰の冷えを改善します。コチュジャンは少量でも温め効果があるので、好みに合わせて量を調整してください。

ねぎとこしょうの豚汁飯

こしょうをたっぷりとふっていただきます

材料〈1膳分〉

ごはん ● 茶碗1膳
豚バラ薄切り肉 ● 50g
長ねぎ ● 1/3本
水 ● 150mℓ
味噌 ● 大さじ1
サラダ油 ● 小さじ1
あらびき黒こしょう ● 適宜

作り方

1. 豚肉は3cm幅に切る。長ねぎは1cm長さに切る。
2. 鍋にサラダ油を熱し、豚肉を入れて色が変わるまで炒める。長ねぎ、水を加え、沸騰したら弱火にして5分煮る。
3. 味噌を溶き入れ、ごはんにかけてこしょうをふる。

おくすり食材〔温める〕
長ねぎは発汗を促進して、鼻づまりを改善します。
味噌は体調の底上げに。こしょうは冷えによる胃痛、腹痛に。

かぼちゃのしょうがヨーグルト飯

さっぱりしていて食欲のないときにも

≡ 材料〈1膳分〉

ごはん ● 茶碗1膳
かぼちゃ ● 1/8個
A │ ヨーグルト ● 大さじ2
　│ しょうが(すりおろし)、
　│ ポン酢 ● 各小さじ1

≡ 作り方

1. かぼちゃはラップに包んで電子レンジで4分加熱し、5mm厚さに切る。
2. ごはんに1をのせ、混ぜ合わせたAをかける。

おくすり食材〔温める〕
かぼちゃは体を温めてくれる夏野菜。なんとなくだるいときに。
生しょうがは抗ウイルス対策に。おろしたてが◎。

第1章　体を温める

ねぎ塩かまぼこ飯

香ばしく焼いたかまぼこの食感が楽しい

材料〈1膳分〉

ごはん ● 茶碗1膳
長ねぎ ● 1/3本
A｜サラダ油 ● 小さじ1
　｜塩、鶏ガラスープのもと（顆粒）
　｜● 各2つまみ
かまぼこ ● 1/2本
サラダ油 ● 小さじ2

作り方

1. 長ねぎは粗みじん切りにしてボウルに入れ、Aを加えて混ぜ合わせ、10分おく。
2. フライパンにサラダ油を熱し、薄切りにしたかまぼこを両面焼く。
3. 2を1に入れてあえ、ごはんにのせる。

おくすり食材〔温める〕
長ねぎは解毒作用があり、熱があるのに汗が出ない、
体の節々が痛むような風邪に効果的。抗酸化作用が高くアンチエイジングにも。

らっきょツナパセリ飯

個性派食材トリオがクセになる味です

材料〈1膳分〉

ごはん ● 茶碗1膳
らっきょうの甘酢漬け
　● 10粒（小粒のもの）
ツナ缶 ● 小1/2缶
パセリ ● 1枝
マヨネーズ ● 小さじ2

作り方

1. らっきょうは縦半分に切り、ツナ缶は汁けをきり、パセリは葉先をつむ。
2. ボウルに1を入れ、マヨネーズを加えてあえ、ごはんにのせる。

おくすり食材〔温める〕

らっきょうは冷えを取り除き、気を巡らせます。
ツナは冷えによる生理痛に。パセリは手の冷えに。

第1章　体を温める

さば缶とかぶのソテー飯

火の通りやすいかぶで時短調理

材料〈1膳分〉
ごはん ● 茶碗1膳
さば水煮缶 ● 1/2缶
かぶ ● 1個
しょうゆ、サラダ油 ● 各小さじ2

作り方
1. さば水煮缶は水けをきる。かぶは茎を少し残してくし形切りにする。
2. フライパンにサラダ油を熱し、1を入れる。かぶの両面に焼き色をつけながら炒め、しょうゆを回し入れてごはんにのせる。

おくすり食材〔温める〕
さばは眠りが浅い、疲れやすいなどの症状を改善。
髪や肌の乾燥が気になるときにも。かぶは便秘気味の人におすすめです。

まぐろユッケ風飯
ピリ辛キムチととろ〜り卵でごはんが進む

材料〈1膳分〉
ごはん ● 茶碗1膳
まぐろ(刺身用) ● 60g
A | しょうゆ、ごま油 ● 各小さじ1
キムチ ● 40g
卵黄 ● 1個

作り方
1. まぐろは水けをふき取り、食べやすい大きさに切る。
2. ボウルに**A**を混ぜ合わせ、1を加えてからめ、10分おく。
3. キムチを加えてあえ、ごはんにのせて卵黄を落とす。

おくすり食材〔温める〕
まぐろは生理不順や生理痛を緩和。キムチに含まれる唐辛子は体の中心を温めて血行を促すので、肩こりや関節の痛みに有効です。

チキンライス

フライパンいらずで手軽に作れます

材料〈1膳分〉

ごはん ● 茶碗1膳
鶏もも肉 ● 1/3枚
塩、こしょう ● 各少々
玉ねぎ ● 1/6個
マッシュルーム ● 2個
ケチャップ ● 大さじ2
卵 ● 1個
パセリ（みじん切り）● 適宜

作り方

1. 鶏肉は2cm角に切って塩、こしょうをふる。玉ねぎは粗みじん切り、マッシュルームは半分に切る。
2. 耐熱容器に1を入れ、ケチャップを加えて混ぜる。ラップをして電子レンジで4分加熱し、ごはんを加えて混ぜる。
3. 別の耐熱容器に卵を溶きほぐし、ラップをかけて電子レンジで50秒加熱する。2にのせ、パセリをふる。

おくすり食材〔温める〕
寒がりさんは熱を生む力が弱いので、玉ねぎで体を温め、マッシュルームで血流を促進。鶏肉でエネルギーを補って。

第2章 エネルギーを補う

エネルギーが不足すると、内臓の働きが悪くなります。ごはんで胃腸を立て直しつつ、新しいエネルギーを作り、抵抗力をアップさせましょう。エネルギーは特に朝に作られるので、朝食に取り入れると元気になれます。

ハムエッグ飯
朝ごはんのおかずをのせちゃいました

材料〈1膳分〉
ごはん ● 茶碗1膳
卵 ● 1個
ハム ● 2枚
レタス ● 1枚
サラダ油 ● 適宜
マヨネーズ、ケチャップ
　● 各適宜

作り方
1. フライパンにサラダ油を熱し、卵をそっと割り入れて弱火にし、ゆっくり火を通す。好みのかたさになったら卵の横にハムを並べ、さっと火を通す。
2. ごはんにレタスをちぎってのせ、1を盛り、マヨネーズとケチャップをかける。

おくすり食材〔エネルギー〕
卵とハムは疲れが取れないときに。また、肌にうるおいを与え、髪をつややかにしてくれます。不安感を取り除く効果も期待できます。

蒸しブロッコリー飯
とろりととろけたチーズをからめて

材料〈1膳分〉
- ごはん●茶碗1膳
- ブロッコリー●1/3個
- 塩●1つまみ
- スライスチーズ●1枚
- あらびき黒こしょう●少々

作り方
1. ブロッコリーは小房に分けてフライパンに入れ、塩をふりかけて上にスライスチーズをのせる。水大さじ1(分量外)を加えて中火にかけ、沸騰したら火を弱めて2分加熱する。
2. ごはんにのせ、こしょうをふる。

おくすり食材〔エネルギー〕
ブロッコリーは元気を、チーズは体にうるおいを与えてくれます。もともと体力がない人は積極的に取り入れてみてください。

三つ葉しらす飯
レモンの酸味が旨みを引き立てます

材料〈1膳分〉
ごはん ● 茶碗1膳
三つ葉 ● 4本
しらす(ちりめんじゃこでも可) ● 20g
A│オリーブオイル ● 小さじ1
　│しょうゆ ● 小さじ½
レモン ● ⅛個

作り方
1. 三つ葉は3㎝長さに切ってボウルに入れ、しらすを加えて混ぜ合わせ、ごはんにのせる。
2. Aをかけて、くし形切りのレモンを添える。

おくすり食材〔エネルギー〕
三つ葉はストレスやイライラを改善。しらすは脳の働きを促進して、記憶力をアップ。また、アンチエイジングにも効果があります。

明太とろろ飯
お疲れ気味の体にやさしい

材料〈1膳分〉
ごはん ● 茶碗1膳
長いも ● 60g
A ｜ ごま油 ● 小さじ1
　｜ 塩 ● 1つまみ
辛子明太子(たらこでも可) ● ¼腹

作り方
1. 長いもはピーラーで皮をむき、おろし器ですりおろし、Aを混ぜ合わせる。明太子は輪切りにする。
2. ごはんに長いもをかけ、明太子をのせる。

おくすり食材〔エネルギー〕
長いもは消化がよく、一緒に食べたものの消化吸収も高めてくれます。明太子にはエネルギーを補う効果があるので、疲労回復に。

ホイコーロー飯

みんなが大好きな甘辛味

材料〈1膳分〉

ごはん ● 茶碗1膳
キャベツ ● 1枚
豚バラ薄切り肉 ● 50g
A 味噌 ● 小さじ2
　オイスターソース ● 小さじ1
　砂糖 ● 小さじ½
　にんにく(すりおろし)、豆板醤
　　● 各少々
ごま油 ● 小さじ1

作り方

1. キャベツはざく切り、豚肉は3cm幅に切る。
2. フライパンにごま油を熱し、豚肉を入れて焼く。肉の色が変わったらキャベツを加えてさっと炒める。
3. Aを加えて炒め合わせ、ごはんにのせる。

おくすり食材〔エネルギー〕
キャベツは気力、体力を充実させます。
豚肉は体をうるおして肌のハリを保ち、たるみを防ぎます。

三宝菜飯
野菜とうずらの卵だけで手軽に作りましょう

材料〈1膳分〉

ごはん ● 茶碗1膳
スナップエンドウ ● 2本
長ねぎ ● 5㎝
A
  しょうゆ ● 小さじ1
  鶏ガラスープのもと(顆粒)、
    片栗粉 ● 各小さじ½
  こしょう ● 少々
  水 ● 大さじ3
うずらの卵(水煮) ● 5個
ごま油 ● 小さじ2

作り方

1. スナップエンドウは筋を取って斜め半分に切る。長ねぎは斜め薄切りにする。
2. フライパンにごま油を熱して1を炒める。混ぜ合わせたAを加え、とろみがつくまで混ぜながら加熱する。
3. うずらの卵を加えてさっと煮て、ごはんにのせる。

おくすり食材〔エネルギー〕
疲労回復させるスナップエンドウをごはんと合わせることで、胃腸の働きが活発に。うずらの卵を入れることで、さらに効果アップ。

豆苗の梅オイスター飯

酸味とコクのバランスが絶妙

材料〈1膳分〉

ごはん ● 茶碗1膳
豆苗 ● ½パック
A │ 梅肉、オイスターソース ● 各小さじ1
  │ 黒ごま ● 適宜

作り方

1. 豆苗は根元を切り落とし、長さを3等分に切る。
2. ボウルにAを入れて混ぜ合わせ、1を加えてあえ、ごはんにのせる。

おくすり食材〔エネルギー〕
豆苗は蒸し暑くて新陳代謝が落ちる梅雨時期に、特にいい食材。
オイスターソースはストレス、過労による疲れの回復に。

えびチリ飯

大きめのえびを使えばとっておきの一品に

材料〈1膳分〉

ごはん ● 茶碗1膳
えび ● 80g
しょうが(薄切り) ● 2枚
長ねぎ ● 5cm
A ケチャップ ● 大さじ1
　しょうゆ ● 小さじ1
　豆板醤 ● 少々
サラダ油 ● 小さじ2

作り方

1. えびは塩少々(分量外)でもみ洗いし、殻をむいて水けをふく。しょうが、長ねぎは粗みじん切りにする。
2. フライパンにサラダ油、しょうがを入れて火にかけ、香りが立ったらえびを加え、さっと炒める。
3. 混ぜ合わせたA、長ねぎを加えて炒め合わせ、ごはんにのせる。

おくすり食材〔エネルギー〕
えびは気力を充実させるだけでなく、足腰の冷えを改善してだるさを取ります。
長ねぎ、しょうがで体を温め、体調を底上げしましょう。

第2章　エネルギーを補う

ぶりのごましょうゆ飯
たれがごはんにからんで絶品です

材料〈1膳分〉
ごはん ● 茶碗1膳
さやいんげん ● 3本
ぶり ● 1切れ
小麦粉 ● 小さじ2
A │ 白すりごま、しょうゆ、
　│ 砂糖 ● 各大さじ1
　│ 水 ● 大さじ2
ごま油 ● 小さじ2

作り方
1. さやいんげんは斜め切りにして、ラップに包んで電子レンジで1分加熱する。
2. フライパンにごま油を熱し、小麦粉をまぶしたぶりを入れて3分焼き、裏返して3分焼く。
3. A、1を2に加えて煮からめ、ごはんにのせる。

おくすり食材〔エネルギー〕
さやいんげんは胃腸が弱くて食欲がない人に。
ぶりは血を補う作用が強く、エネルギーを消耗する冬にぴったりの食材。

レバーガーリック飯
アボカドを加えてスタミナ満点

材料〈1膳分〉
ごはん ● 茶碗1膳
鶏レバー ● 80g
A 塩 ● 小さじ¼
　 こしょう ● 少々
アボカド ● ½個
にんにく ● 1かけ
しょうゆ ● 小さじ½
サラダ油 ● 小さじ2

作り方
1. レバーはつながっていれば切り離し、大きいものは半分に切って水洗いし、水けをふいてAをふる。アボカドは一口大に切り、にんにくは半分に切る。
2. フライパンにサラダ油とにんにくを入れて火にかけ、レバーを加えて両面こんがり焼く。
3. アボカドを加えて炒め合わせ、しょうゆを回しかけ、ごはんにのせる。

おくすり食材〔エネルギー〕
鶏レバーは貧血、疲れやすい、忘れっぽいなどの症状に効果的。
視力低下、目の充血にも。アボカドは顔色をよくしてくれます。

第2章 エネルギーを補う

エスニックスープ飯
鶏肉とナンプラーで旨みたっぷり

材料〈1膳分〉

ごはん ● 茶碗1膳
鶏もも肉 ● ⅓枚
にんじん ● 5cm
A｜ナンプラー ● 大さじ1
　　鶏ガラスープのもと(顆粒)
　　　● 小さじ½
　　赤唐辛子(輪切り) ● 適宜
　　レモン(薄切り) ● 2枚
　　水 ● 200㎖
香菜 ● 適宜

作り方

1. 鶏肉は一口大に切り、にんじんは半月切りにする。
2. 鍋に1、Aを入れて火にかけ、沸騰したら火を弱めて5分煮る。
3. ごはんにかけ、香菜を添える。

おくすり食材〔エネルギー〕
鶏肉は美肌にもってこい。にんじんは鶏肉の効果をアップし、目のトラブルを改善。ナンプラーは消化を促します。

焼肉サルサ飯

玉ねぎマリネをたっぷり添えてさわやかに

材料〈1膳分〉

- ごはん ● 茶碗1膳
- 紫玉ねぎ(玉ねぎでも可) ● 1/6個
- **A** | レモン汁 ● 小さじ2
  | 塩 ● 2つまみ
- 牛薄切り肉(焼肉用) ● 80g
- 塩、こしょう ● 各少々
- サラダ油 ● 小さじ2
- 一味唐辛子 ● 少々

作り方

1. 紫玉ねぎはみじん切りにしてボウルに入れ、**A**を加えて混ぜ合わせる。
2. 牛肉に塩、こしょうをふる。フライパンにサラダ油を熱し、牛肉を並べ入れ、こんがり焼いたら裏返し、さっと焼いて取り出す。
3. ごはんにのせ、**1**をかけ、一味唐辛子をふる。

おくすり食材〔エネルギー〕

紫玉ねぎと牛肉を合わせることで疲労回復効果がアップ。
牛肉は気力も体力も向上させ、心身ともに元気にしてくれます。

COLUMN ❶
おくすりふりかけ

食材を混ぜるだけでできる、
おくすり作用のある手作りふりかけをご紹介。
まとめてたくさん作り置きすれば、
密閉できる保存容器に入れて冷蔵庫で保存できます。

〔エネルギーを補う〕
じゃこのりチーズ

≡ 材料と作り方〈作りやすい分量〉

ちりめんじゃこ大さじ2、粉チーズ大さじ1、青のり小さじ2を混ぜ合わせる。
※保存期間は4日。ゆで野菜にかけても。

〔巡りをよくする〕
ごまカレー

≡ 材料と作り方〈作りやすい分量〉

粉チーズ、黒ごま、白ごま各大さじ1、カレー粉小さじ2、塩1つまみを混ぜ合わせる。
※保存期間は3週間。サラダにふりかけても。

〔デトックス〕
昆布ナッツ

≡ 材料と作り方〈作りやすい分量〉

ミックスナッツ、塩昆布各大さじ2をざく切りにし、かつおぶし2gと混ぜ合わせる。
※保存期間は3週間。めんとあえても。

第 3 章

巡りをよくする

血を巡らせる食事をすることで新陳代謝は活発になります。
栄養が体中に行き渡り、老廃物が排出されるようになるのです。
血は特に夜作られるので、
夕食に取り入れることがおすすめのおくすり飯です。

にんじんとレタスのたらこマヨ飯

食欲をそそる美味しい彩り

材料〈1膳分〉

ごはん ● 茶碗1膳
にんじん ● ⅓本
たらこ ● ¼腹
マヨネーズ ● 大さじ2
レタス ● 1枚

作り方

1. にんじんは乱切りにしてラップに包み、電子レンジで2分加熱する。
2. ボウルにたらこを入れてほぐし、マヨネーズを加えて混ぜ合わせ、1をあえる。
3. ごはんにレタスをちぎってちらし、2をのせる。

おくすり食材〔巡り〕

にんじんは血を補って、肌にうるおいを与えます。貧血、肩こりにも有効。
巡らせる効果があるレタスを合わせていただきましょう。

キャロットラペ飯
ジャムのかわりに冷凍ブルーベリーを使っても

材料〈1膳分〉
ごはん ● 茶碗1膳
にんじん ● 1/2本
ツナ缶 ● 小1/2缶
A │ オリーブオイル ● 小さじ2
  │ ブルーベリージャム、酢
  │   ● 各小さじ1
  │ 塩 ● 2つまみ
  │ こしょう ● 少々

作り方
1. にんじんは太めのせん切りにする。ツナ缶は汁けをきる。
2. ボウルにAを混ぜ合わせ、1を加えてあえ、ごはんにのせる。

おくすり食材〔巡り〕
にんじんは血を補い、ブルーベリーが巡りを促します。
ブルーベリーはシミ、くすみ、便秘、PMSなど女性特有の悩みにも効果が。

第3章 巡りをよくする

よだれ豚風飯

パンチのきいたにらだれでいただきます

材料〈1膳分〉

ごはん ● 茶碗1膳
にら ● 2本
Ⓐ 白ごま ● 小さじ2
　しょうゆ、酢、ラー油 ● 各小さじ1
豚切り落とし肉 ● 80g

作り方

1. にらは小口切りにしてボウルに入れ、Ⓐと混ぜ合わせる。
2. 鍋に湯を沸かし、豚肉の色が変わるまでゆでてざるにあげる。
3. ごはんに2をのせ、1をかける。

おくすり食材〔巡り〕

にらと酢は血を巡らせ、老廃物がたまってできる黒にきびを改善。
豚肉は肌にうるおいを与えます。美肌のための1膳です。

鮭のねぎオイル飯

レンジ蒸しの鮭がふっくらやわらか

材料〈1膳分〉

ごはん ● 茶碗1膳
長ねぎ ● 1/3本
しょうが(薄切り) ● 3枚
塩鮭 ● 1切れ
塩 ● 少々
ごま油 ● 小さじ1

作り方

1. 長ねぎは斜め薄切り、しょうがはせん切りにする。
2. 耐熱皿に鮭をおいて1をのせ、塩、ごま油をかけてラップをかける。電子レンジで2分加熱して、ごはんにのせる。

おくすり食材〔巡り〕
鮭は血や気の流れを活発にして、くすみやクマ、肩こりの痛みを改善。長ねぎ、しょうがの温め効果で、より巡りやすくなります。

第3章 巡りをよくする

玉ねぎ飯
加熱した玉ねぎが甘くてほっとする

材料〈1膳分〉
- ごはん ● 茶碗1膳
- 玉ねぎ ● 1/2個
- ベーコン ● 1枚
- A
  - コンソメ(顆粒) ● 小さじ1
  - こしょう ● 少々
  - 水 ● 100㎖

作り方
1. 玉ねぎは、芯を残してくし形切りにする。ベーコンは細切りにする。
2. 鍋に1、Aを入れ、ふたをして火にかける。沸騰したら弱火にして10分煮て、ごはんにのせる。

おくすり食材〔巡り〕
血を巡らせる玉ねぎはクマやにきび、唇の色がくすむなどの症状を改善。気も巡らせ、食欲不振にも効果があります。

なすのチーズソース飯

ほんのりゆずこしょう風味です

材料〈1膳分〉

ごはん ● 茶碗1膳
なす ● 1本
Ⓐ クリームチーズ ● 20g
　　牛乳 ● 大さじ1
　　ゆずこしょう ● 少々
サラダ油 ● 小さじ1

作り方

1. なすは1cm厚さの輪切りにする。フライパンにサラダ油を熱してなすを並べ、やわらかくなるまで両面焼く。
2. 耐熱容器にⒶを入れ、ラップをかけて電子レンジで30秒加熱し、混ぜ合わせる。
3. ごはんに1をのせ、2をかける。

おくすり食材〔巡り〕
なすは巡りをよくして、生理痛や炎症を改善。
ゆずこしょうはストレスを緩和し、なすの効果をサポートします。

塩辛飯
炒めた塩辛が濃厚で美味しい

材料〈1膳分〉

ごはん ● 茶碗1膳
クレソン ● 1/2束
いかの塩辛 ● 大さじ2
しょうゆ ● 小さじ1/2
サラダ油 ● 小さじ2

作り方

1. クレソンはざく切りにする。
2. フライパンにサラダ油を熱し、塩辛をさっと炒めてしょうゆを回し入れる。
3. ボウルに1、2、ごはんを入れて混ぜ合わせ、茶碗に盛る。

おくすり食材〔巡り〕

クレソンは血を巡らせ、イライラや不眠を解消します。
いかの塩辛は血を補い、貧血やめまいを改善。冷え症の人は七味をふって。

栗とマッシュルームのガーリック飯

市販のむき甘栗を使えばラクチン

材料〈1膳分〉

ごはん●茶碗1膳
マッシュルーム●4個
にんにく(みじん切り)●½かけ
甘栗●4個
しょうゆ●小さじ1
こしょう●少々
オリーブオイル●小さじ2

作り方

1. マッシュルームは4等分に切る。
2. フライパンにオリーブオイル、にんにくを入れて熱し、香りが立つまで炒める。
3. 1、栗を加えて炒め合わせ、しょうゆを回し入れ、こしょうをふり、ごはんにのせる。

おくすり食材〔巡り〕
栗は巡らせるだけでなく、マッシュルームと同様に体を温める効果が。
冬の寒さ、冷房などの冷えからくる不調を改善します。

ししゃも飯
カレー粉で風味よく仕上げました

材料〈1膳分〉
- ごはん ● 茶碗1膳
- ししゃも ● 3尾
- カレー粉 ● 小さじ1
- ししとう ● 2本
- しょうゆ ● 少々
- サラダ油 ● 小さじ2

作り方
1. ポリ袋にししゃもを入れ、カレー粉を加えてまぶす。
2. フライパンにサラダ油を熱し、1を並べて3分焼く。裏返し、ししとうを加えて2分焼く。
3. ししとうにしょうゆをからめ、ししゃもと一緒にごはんにのせる。

おくすり食材〔巡り〕
ししゃも、カレー粉、ししとう、すべて巡らせ効果あり。
ししとうの温め効果でさらに巡りがアップします。

たらと焼きパセリ飯

焼いたパセリをモリモリ食べましょう

材料〈1膳分〉

- ごはん ● 茶碗1膳
- たら ● 1切れ
- 塩 ● 小さじ1/3
- 小麦粉 ● 適宜
- パセリ ● 2枝
- こしょう ● 少々
- オリーブオイル ● 大さじ1

作り方

1. たらは塩をふって5分おき、水けをふいて小麦粉をまぶす。
2. フライパンにオリーブオイルを熱し、1、パセリを並べ入れて両面色よく焼く。
3. こしょうをふり、ごはんにのせる。

おくすり食材〔巡り〕
エネルギーと血を補うたら、巡らせるパセリがタッグを組んで、
冷え症、肌荒れ、抜け毛、生理不順など、様々な不調を緩和します。

第3章 巡りをよくする

ルーローハン風飯

台湾の屋台の味を手軽に再現しました

材料〈1膳分〉

ごはん ● 茶碗1膳
チンゲン菜 ● 1/2株
しょうが(みじん切り) ● 小さじ1
豚こま切れ肉 ● 80g
A | オイスターソース、水
　　● 各小さじ1
　　しょうゆ、砂糖 ● 各小さじ1/2
ごま油 ● 小さじ2

作り方

1. チンゲン菜は縦半分に切り、ラップに包んで電子レンジで1分加熱する。
2. フライパンにごま油を熱し、しょうがを入れてさっと炒め、豚肉を加えて色が変わるまで炒める。
3. Aを加えて炒め合わせ、ごはんにのせて1を添える。

おくすり食材〔巡り〕

チンゲン菜はストレスを緩和しながら血を巡らせ、
生理痛、肩こりなどの様々な痛みを解消します。豚肉で血を補えば効果がアップ。

第 **4** 章

デトックス

栄養を補うことと同じくらい、不要なものを出すことも大切。
特に湿気の多い季節や雨の日には余分な水分がたまり、
調子を崩しやすくなります。
むくみやだるさを感じやすい日に積極的に食べたいごはんです。

みぞれきのこ飯
大根おろしの辛みがアクセント

材料〈1膳分〉
ごはん ● 茶碗1膳
まいたけ ● ⅓パック
しいたけ ● 2枚
昆布茶 ● 小さじ1
大根 ● 3㎝
ゆずこしょう ● 小さじ½

作り方
1. まいたけはほぐし、しいたけは石づきを切り落として薄切りにする。耐熱容器に入れて昆布茶をふり、ラップをかけて電子レンジで2分加熱する。
2. 大根はすりおろして軽く水けをきり、辛い場合は電子レンジで30秒加熱する。ボウルに入れて 1、ゆずこしょうを加え、混ぜ合わせ、ごはんにのせる。

おくすり食材〔デトックス〕
まいたけは余分な水分を排出し、足のむくみを改善。
大根おろしをたっぷりのせるとデトックス効果が高まります。

青のりえのき飯
ベーコンをプラスして食べごたえあり

材料〈1膳分〉
ごはん ● 茶碗1膳
えのきだけ ● ½パック
ベーコン ● 1枚
A しょうゆ ● 小さじ1
　　砂糖 ● 2つまみ
青のり ● 適量

作り方
1. えのきだけは石づきを切り落として長さを半分に切り、ほぐす。ベーコンは食べやすい大きさに切る。
2. フライパンにベーコンを入れてさっと焼き、脂が出たらえのきだけ、Aを加えて炒め合わせる。
3. ごはんにのせて、青のりをふる。

おくすり食材〔デトックス〕
えのきだけは肌荒れ、便秘を改善し、老廃物を出しやすくします。
青のりは体の余分な水分を排出し、むくみを解消します。

じゃこピー春菊飯

カリカリおつまみはごはんとも相性抜群です

材料〈1膳分〉

ごはん ● 茶碗1膳
春菊 ● 3本
ピーナッツ ● 適宜
ちりめんじゃこ ● 大さじ1
しょうゆ、サラダ油 ● 各小さじ1

作り方

1. 春菊は葉をつみ、茎は斜め薄切りにする。ピーナッツはざく切りにする。
2. フライパンにサラダ油を熱し、ピーナッツとちりめんじゃこを炒め、しょうゆを回し入れる。
3. ごはんに春菊をのせ、2をかける。

おくすり食材〔デトックス〕
春菊はイライラを鎮める効果が。デトックス効果が高く、頭が重い感じを改善します。顔のむくみにもおすすめ。

しそナムル飯
大葉を韓国風の味つけでいただきます

材料〈1膳分〉
ごはん ● 茶碗1膳
大葉 ● 4枚
A｜ しょうゆ、ごま油 ● 各小さじ1
　｜ しょうが(すりおろし) ● 小さじ½
　｜ 七味唐辛子 ● 適宜
ハム ● 2枚

作り方
1. 大葉はちぎってAであえる。
2. ごはんに半分に切ったハム、1をのせる。

おくすり食材〔デトックス〕
大葉の香りは花粉症やストレスによる食欲不振をやわらげます。
体を温めるしょうがは皮をむかずにすりおろすと効果大。

第4章　デトックス

アスパラの甘辛飯

冷めても美味しいのでお弁当にも

材料〈1膳分〉

ごはん ● 茶碗1膳
グリーンアスパラガス ● 2本
ちくわ ● 小1本
A｜しょうゆ ● 小さじ2
　｜みりん ● 小さじ1
サラダ油 ● 小さじ1
白ごま ● 少々

作り方

1. アスパラガスは3cm長さに切り、ちくわは輪切りにする。
2. フライパンにサラダ油を熱し、1を炒め、Aを入れてからめる。
3. ごはんにのせ、白ごまをふる。

おくすり食材〔デトックス〕
アスパラガスは体にこもった熱をクールダウンしながら、
エネルギーを補ってくれます。白ごまは乾燥を防ぎ、便秘に効果的です。

● この本をどこでお知りになりましたか?(複数回答可)
1. 書店で実物を見て　　　　　2. 知人にすすめられて
3. テレビで観た(番組名:　　　　　　　　　　　　　)
4. ラジオで聴いた(番組名:　　　　　　　　　　　　)
5. 新聞・雑誌の書評や記事(紙・誌名:　　　　　　　)
6. インターネットで(具体的に:　　　　　　　　　　)
7. 新聞広告(　　　　　新聞)　8. その他(　　　　　)

● 購入された動機は何ですか?(複数回答可)
1. タイトルにひかれた　　　　2. テーマに興味をもった
3. 装丁・デザインにひかれた　4. 広告や書評にひかれた
5. その他(　　　　　　　　　　　　　　　　　　　)

● この本で特に良かったページはありますか?

● 最近気になる人や話題はありますか?

● この本についてのご意見・ご感想をお書きください。

以上となります。ご協力ありがとうございました。

郵便はがき

150-8482

東京都渋谷区恵比寿4-4-9
えびす大黒ビル
ワニブックス 書籍編集部

お手数ですが切手をお貼りください

────── お買い求めいただいた本のタイトル ──────

本書をお買い上げいただきまして、誠にありがとうございます。
本アンケートにお答えいただけたら幸いです。
ご返信いただいた方の中から、
抽選で毎月5名様に図書カード(1000円分)をプレゼントします。

ご住所　〒
TEL（　　　-　　　-　　　）

(ふりがな) お名前

ご職業	年齢　　歳
	性別　男・女

いただいたご感想を、新聞広告などに匿名で
使用してもよろしいですか？　（ はい・いいえ ）

※ご記入いただいた「個人情報」は、許可なく他の目的で使用することはありません。
※いただいたご感想は、一部内容を改変させていただく可能性があります。

里いものじゃこごまサラダ飯

ねっとり濃厚な美味しさです

材料（1膳分）

ごはん ● 茶碗1膳
里いも ● 2個
A
- マヨネーズ ● 大さじ1
- 黒ごま ● 小さじ2
- しょうゆ ● 小さじ½

ちりめんじゃこ ● 大さじ2
練りからし ● 適宜

作り方

1. 里いもは洗って水けを残したままラップに包み、電子レンジで5分加熱して皮をむく。
2. ボウルにAを入れて混ぜ合わせ、1を入れる。フォークなどでざっくりつぶし、ちりめんじゃこを加えて、混ぜ合わせる。
3. ごはんにのせ、からしを添える。

おくすり食材〔デトックス〕
里いもは血液の流れを促進し、毒素や余分な水分を排出してくれます。
便秘や胃腸の不調、むくみに有効です。

めかぶとトマトの酸辣湯風飯(サンラータン)

すっぱ辛くて元気が出ます

材料〈1膳分〉

ごはん●茶碗1膳
めかぶ●小1パック
ミニトマト●4個
A しょうゆ●小さじ1
　鶏ガラスープのもと(顆粒)
　　●小さじ½
　水●150ml
酢●小さじ1
卵●1個
ラー油●適量

作り方

1. 鍋にめかぶ、ミニトマト、Aを入れて火にかけ、沸騰したら酢を加え、溶き卵を回し入れる。
2. ごはんにかけ、ラー油をふる。

おくすり食材〔デトックス〕
めかぶのデトックス効果で、下半身のむくみ、足腰のだるさを改善。
酢とラー油で温め、血行を促進して排出効果をアップします。

もずく豆乳飯

おぼろ豆腐のようなやさしい味わい

材料〈1膳分〉

- ごはん ● 茶碗1膳
- 油揚げ ● ¼枚
- 小ねぎ ● 1本
- 豆乳(成分無調整) ● 150mℓ
- 塩 ● 1つまみ
- もずく(味つきのもの) ● 小1パック

作り方

1. 油揚げは細切りに、小ねぎは小口切りにする。
2. フライパンを熱し、油揚げを入れて乾煎りし、豆乳、塩を加える。沸騰させないように温める。
3. ごはんにもずくをのせ、2をかけ、小ねぎをちらす。

おくすり食材〔デトックス〕

もずくは赤いにきびが気になるときに。豆乳は過剰な水分、老廃物を排出すると同時に、体内にうるおいを生み出します。

梅チキン飯
すっきり味の梅ソースがさわやか

材料〈1膳分〉

ごはん● 茶碗1膳
鶏むね肉● 1/2枚
A｜塩● 2つまみ
　｜水● 大さじ1
梅肉● 小さじ2
小ねぎ● 1本

作り方

1. 鶏肉はAをふって耐熱皿に入れ、ラップをかけて電子レンジで2分加熱する。粗熱が取れたら食べやすい大きさに切る。
2. ボウルに1の蒸し汁少々、梅肉を入れて混ぜ合わせる。
3. ごはんに1をのせて2をかけ、斜め切りにした小ねぎをのせる。

おくすり食材〔デトックス〕
梅は体をうるおしながら、デトックスを促進。
鶏肉はお腹を温めてエネルギーを補い、デトックス作用を高めます。

豆腐梅じゃこ飯
ごはんとよく混ぜていただきます

材料〈1膳分〉

ごはん ● 茶碗1膳
木綿豆腐 ● 100g
梅肉 ● 小さじ2
ちりめんじゃこ ● 大さじ1
小ねぎ ● 適宜

作り方

1. 豆腐はキッチンペーパーで包み、水けをしぼる。
2. ボウルに1、梅肉、ちりめんじゃこを入れて混ぜ合わせる。
3. ごはんにのせ、小口切りにした小ねぎをちらす。

おくすり食材〔デトックス〕
豆腐は熱を持つにきびに。梅は腸内の悪玉菌を減らし、肌荒れを改善。うるおしながらデトックスする、美容にいいコンビです。

豆腐バーグののりソース飯

ボリューム満点のヘルシーハンバーグ

材料〈1膳分〉

ごはん ● 茶碗1膳
木綿豆腐、鶏ひき肉 ● 各100g
味噌 ● 小さじ1
A
　もみのり ● 1つかみ
　しょうゆ ● 小さじ2
　みりん、片栗粉
　　● 各小さじ1
　水 ● 50㎖
サラダ油 ● 小さじ2

作り方

1. 豆腐はキッチンペーパーに包んで水けをしぼる。ボウルに入れ、ひき肉、味噌を加えて混ぜ合わせ、小判形にまとめる。
2. フライパンにサラダ油を熱し、1を入れてふたをする。2分焼いて裏返し、火を弱めて6分焼いて、ごはんにのせる。
3. 耐熱容器にAを入れてよく混ぜ、ラップをかけて電子レンジで1分30秒加熱し、2にかける。

おくすり食材〔デトックス〕
豆腐は気の巡りをよくして老廃物の排出を促進。
のりは炎症、吹き出物、むくみ、体の重だるさを改善します。

ピリ辛春雨飯
ほどよい酸味でつるりと食べられます

材料〈1膳分〉
ごはん ● 茶碗1膳
小ねぎ ● 2本
春雨 ● 20g
A　しょうゆ、酢 ● 各大さじ1
　　砂糖、白ごま ● 各小さじ1
　　一味唐辛子 ● 少々

作り方
1. 小ねぎは3㎝長さに切る。
2. 鍋に湯を沸かし、春雨を入れて袋の表示通りにゆでる。ゆで上がる直前に1を加えてさっとゆで、一緒にざるにあげて水けをきる。
3. ボウルにAを混ぜ合わせ、2を加えてあえ、ごはんにのせる。

おくすり食材〔デトックス〕
緑豆春雨は余分な水分を排出して消化吸収の働きを助け、
肌をつややかにしてくれます。夏太りにも効果が期待できます。

第4章　デトックス

COLUMN ❷
おくすりスープ

おくすり飯に汁ものを添えれば立派な食事に。
鍋も火も使わない、電子レンジ調理のクイックスープなら
疲れたときでもすぐ作れるはず。
薬膳作用もしっかりプラスできます。

〔体を温める〕
しそスープ

材料と作り方〈1人分〉

耐熱容器に鶏ガラスープのもと(顆粒)小さじ1、水150mlを入れて電子レンジで2分加熱して混ぜ、大葉2枚をちぎって加え、あらびき黒こしょう少々をふる。

〔体をうるおす〕
黒ごま豆乳スープ

材料と作り方〈1人分〉

耐熱容器に黒すりごま大さじ1、味噌小さじ2、かつおぶし1つまみ、豆乳150mlを入れて混ぜ、電子レンジで2分加熱する。

〔熱を冷ます〕
大根おろしスープ

材料と作り方〈1人分〉

耐熱容器にとろろ昆布1つまみ、しょうゆ小さじ2、水150mlを入れて電子レンジで2分加熱してさっと混ぜ、大根おろし大さじ1を加える。

第5章

消化を助ける

健康のためには、まず胃腸の働きをよくすることが大切です。
胃腸の調子がすぐれないときはもちろん、
なんだか元気が出ないというときの体調の底上げにも。
慢性疲労に悩んでいる人、すぐ眠くなる人はぜひ取り入れて。

大根のあっさり煮飯

かつおだしが上品で滋味深い味わい

材料〈1膳分〉

ごはん ● 茶碗1膳
大根（葉つきのもの）● 3cm
水 ● 100ml
A かつおぶし ● 1パック
　白すりごま、しょうゆ
　　● 各小さじ2
　みりん ● 小さじ1

作り方

1. 大根は薄いいちょう切りにする。葉は細かく切る。
2. 鍋に大根、水を入れ、ふたをして火にかける。沸騰したら火を弱めて10分煮る。
3. Aと大根の葉を加え、さっと煮て、ごはんにかける。

おくすり食材〔消化〕
大根は消化を助け、胃もたれに効果大。大根の葉も巡りを促し、便秘解消を助けます。かつおぶしは眠っても疲れが取れないときに。

味噌バターコーン飯
定番のコーンをグレードアップ

材料〈1膳分〉
ごはん ● 茶碗1膳
ホールコーン缶 ● 小½缶
A 味噌、みりん
　● 各小さじ1
バター ● 5g
かつおぶし ● 1つまみ

作り方
1. コーン缶は水けをきる。Aは混ぜ合わせる。
2. フライパンを熱してバターを入れ、コーンを加えてこんがりするまで炒め、Aを加えて炒め合わせる。
3. ごはんに2をのせ、かつおぶしをかける。

おくすり食材〔消化〕
コーンは胃の不快感や水分の取りすぎで重く感じるときに。
かつおぶしは気力、体力を補います。

第5章　消化を助ける

カリフラワーの梅コンソメ飯
梅肉を加えると味に深みが出ます

材料〈1膳分〉
ごはん ● 茶碗1膳
カリフラワー ● 1/4株
A｜コンソメ(顆粒) ● 小さじ1/2
　｜水 ● 150mℓ
梅肉 ● 小さじ2

作り方
1. カリフラワーは小房に分けて鍋に入れ、Aを加えて火にかける。
2. 沸騰したら火を弱め、梅肉を加える。3分煮て、ごはんにかける。

おくすり食材〔消化〕
カリフラワーは胸やけ、胃痛を改善し、梅は食欲不振を解消。
胃腸の調子を整えることで免疫力アップにつながります。

ベトナムなます飯
甘酸っぱいエスニックテイストの即席漬けをのせて

材料〈1膳分〉
ごはん ● 茶碗1膳
にんじん ● 1/3本
香菜 ● 3本
ピーナッツ ● 適宜
Ⓐ レモン汁、ナンプラー
　● 各小さじ1
　砂糖 ● 小さじ1/2
　にんにく（すりおろし）● 少々

作り方
1. にんじんは太めのせん切りに、香菜、ピーナッツはざく切りにする。
2. ボウルにⒶを混ぜ合わせ、1を加えてあえ、ごはんにのせる。

おくすり食材〔消化〕
にんじん、香菜はお腹が張って苦しいときに。ピーナッツは、胃腸を丈夫にする働きがあり、消化不良、便秘を改善します。

じゃがいも煮っころがし飯

ツナの旨みがしみたじゃがいもが絶品

材料（1膳分）

- ごはん ● 茶碗1膳
- じゃがいも ● 2個
- ツナ缶 ● 小1缶
- 水 ● 50㎖
- A
  - しょうゆ ● 小さじ1
  - 砂糖 ● 小さじ½

作り方

1. じゃがいもは4等分に切る。ツナ缶は汁けをきる。
2. 鍋に水、1を入れ、ふたをして火にかける。沸騰したら弱火にして8分煮る。
3. Aを加えて強火にして、鍋をゆすりながら水けがほとんどなくなるまで煮て、ごはんにのせる。

おくすり食材〔消化〕
じゃがいもは停滞した消化器の働きを活発にしてくれます。
ツナは体を温め、疲労回復を促してくれるので、疲れ気味のときに。

五目豆飯
ベーコンを加えて洋風にアレンジしました

材料〈1膳分〉

ごはん ● 茶碗1膳
ブロッコリー ● 1/4株
にんじん ● 2cm
ベーコン（厚切り） ● 30g
こんにゃく（アク抜き済み） ● 30g
大豆水煮缶 ● 小1/2缶
Ａ｜しょうゆ、みりん
　　● 各小さじ1
　｜だし ● 50mℓ

作り方

1. ブロッコリーは小房に分ける。にんじん、ベーコン、こんにゃくは1cm角に切る。
2. 鍋ににんじん、ベーコン、こんにゃく、水けをきった大豆水煮を入れてＡを加え、ふたをして火にかける。沸騰したら弱火にして、ときどき混ぜながら5分煮る。
3. ブロッコリーを加えてさっと煮て、ごはんにのせる。

おくすり食材〔消化〕
ブロッコリーは胸やけに。にんじんは胃を丈夫にします。大豆はストレスや過労が原因の消化不良を改善。

第5章　消化を助ける

鯛ごま飯
温かいだしをかけても美味

材料〈1膳分〉

ごはん ● 茶碗1膳
キャベツ ● ½枚
A｜しょうゆ、白すりごま ● 各大さじ1
　｜はちみつ ● 少々
鯛（刺身用）● 5枚
わさび ● 適宜

作り方

1. キャベツはざく切りにしてラップに包み、電子レンジで2分加熱して粗熱を取る。
2. ボウルにAを混ぜ合わせ、鯛を加えてあえ、5分なじませる。
3. ごはんに1をのせて2を盛り、わさびを添える。

おくすり食材〔消化〕
キャベツは消化を助けて虚弱体質を改善。老化予防にも。
鯛は水分代謝を促す食材のため、むくみに効果があります。

牛飯
はちみつで甘さとまろやかさを足しました

材料〈1膳分〉
- ごはん ● 茶碗1膳
- 玉ねぎ ● 1/6個
- 貝割れ大根 ● 適宜
- 牛こま切れ肉 ● 60g
- A しょうゆ、はちみつ、水 ● 各大さじ1
- サラダ油 ● 小さじ2

作り方
1. 玉ねぎはくし形に切り、貝割れ大根は根元を切り落とし、半分に切る。
2. フライパンにサラダ油を熱し、玉ねぎを入れてしんなりするまで炒め、牛肉を加えて色が変わるまで炒める。弱火にしてAを入れ、煮からめる。
3. ごはんに2をのせ、貝割れ大根を添える。

おくすり食材〔消化〕
玉ねぎは胃酸の逆流を防止。牛肉は倦怠感を解消。甘みは胃痛を緩和するはちみつで補います。

第5章　消化を助ける

さつまいもリゾット飯

ごはんから煮て作るから簡単、時短

材料〈1膳分〉

ごはん ● 80g
さつまいも ● 1/3本(100g)
ベーコン ● 1枚
水 ● 100mℓ
A | 塩 ● 2つまみ
　| 牛乳 ● 100mℓ
パルメザンチーズ ● 適宜
あらびき黒こしょう ● 少々

作り方

1. さつまいもは1cm角に切り、ベーコンは細切りにする。
2. 鍋に水、1を入れて火にかけ、沸騰したら火を弱めて6〜7分煮る。A、ごはんを加え、再度沸騰したら火をとめる。
3. 器に盛り、パルメザンチーズ、こしょうをふる。

おくすり食材〔消化〕
さつまいもは胃腸の調子が悪く、食欲がない、体がだるいなどの症状に。
こしょうは冷えによる胃痛、下痢を改善。

豆オムレツ飯

輪切りのパプリカを型がわりに使います

材料〈1膳分〉

ごはん ● 茶碗1膳
パプリカ(赤) ● 1個
ベーコン ● 1/2枚
卵 ● 1個
ミックスビーンズ ● 大さじ3
A 粉チーズ ● 大さじ1
　塩 ● 1つまみ
　こしょう ● 少々
サラダ油 ● 小さじ2

作り方

1. パプリカは2cm厚さの輪切りにし、ベーコンは細切りにする。ボウルに卵を溶きほぐし、ベーコン、ミックスビーンズ、Aを加えて混ぜ合わせる。
2. フライパンにサラダ油を熱し、パプリカを並べて弱火にする。卵液をスプーンで少しずつ等分に入れて焼く。
3. 卵が固まったら残りの卵液を等分に入れ、ふたをして3分、裏返して3分焼いて、ごはんにのせる。

おくすり食材〔消化〕
パプリカ、ミックスビーンズは胃の働きを整え、胃もたれを改善。こしょうは胃腸の働きをサポート。

第5章　消化を助ける

ガンボ風スープ飯

アメリカ南部をイメージしたオクラのスープをかけて

材料〈1膳分〉

ごはん ● 茶碗1膳
玉ねぎ ● 1/6個
にんにく ● 1/2かけ
トマト ● 1個
オクラ ● 3本
ソーセージ ● 2本
A コンソメ(顆粒) ● 小さじ1/2
　塩、こしょう ● 各少々
　水 ● 200mℓ
オリーブオイル ● 小さじ2

作り方

1. 玉ねぎ、にんにくはみじん切りにする。トマトはざく切りに、オクラ、ソーセージは輪切りにする。
2. 鍋にオリーブオイルを熱し、にんにくを入れて香りが立つまで炒め、玉ねぎ、トマトを加えて炒め合わせる。
3. A、オクラ、ソーセージを加え、5分煮てごはんにかける。

おくすり食材〔消化〕
トマトでストレスを緩和。オクラは巡りを促し、消化力をアップ。こしょうで胃を温めます。

第6章

体をうるおす

うるおい不足は美容面だけでなく、健康面にも影響を及ぼします。乾燥すると肌がかさかさしてシワが増えるだけでなく、目が乾く、せきが出る、便秘などの症状が。特に、秋から冬に必要なおくすり飯です。

焼きトマト飯
ココナッツオイルでジューシーに仕上げました

≡ 材料〈1膳分〉
ごはん ● 茶碗1膳
トマト ● 1個
しょうゆ、ココナッツオイル
　● 各小さじ2
大葉 ● 2枚

≡ 作り方
1. トマトは横半分に切る。
2. フライパンにココナッツオイルを熱し、1の切り口を下にして皮がはじけるまでこんがり焼き、しょうゆをかける。
3. ごはんにのせ、せん切りにした大葉を添えて、フライパンに残ったしょうゆをかける。

おくすり食材〔うるおす〕
紫外線の強い季節に積極的に摂りたいトマト。ほてった肌をクールダウンします。ココナッツオイルは肌の乾燥防止効果あり。

塩もみズッキーニ飯

サクサクの油揚げの食感が楽しい

材料〈1膳分〉

- ごはん ● 茶碗1膳
- ズッキーニ ● 1/2本
- 油揚げ ● 1/3枚
- 塩 ● 2つまみ
- しょうゆ ● 小さじ1/2
- オリーブオイル ● 少々

作り方

1. ズッキーニは薄い輪切り、油揚げは1cm角に切る。
2. ズッキーニはポリ袋に入れ、塩をまぶしてもみ、5分おいて水けをしぼる。フライパンを熱し、油揚げを乾煎りし、しょうゆをかける。
3. ごはんに混ぜ合わせた2をのせて、オリーブオイルをかける。

おくすり食材〔うるおす〕

ズッキーニは汗による乾燥肌、油揚げは加齢による乾燥肌に。オリーブオイルにもうるおい効果があります。

第6章 体をうるおす

アスパラの明太バター飯

コクのある明太バターがたまらない

≡ 材料〈1膳分〉

ごはん ● 茶碗1膳
グリーンアスパラガス ● 2本
辛子明太子 ● ¼腹
A｜バター ● 5g
　｜オリーブオイル ● 小さじ1

≡ 作り方

1. アスパラガスは根元のかたい部分を切り落とし、塩を加えた熱湯でさっとゆで、斜め切りにする。明太子はほぐす。
2. 耐熱容器にAを入れて電子レンジで20秒加熱し、明太子、アスパラガスを混ぜ合わせ、ごはんにのせる。

おくすり食材〔うるおす〕

アスパラガスはうるおして熱を取り、唇や口の不調を改善。
バター、オリーブオイルの2種類の油脂でうるおい補給。

ほたてと水菜の混ぜ飯

ボイルしたベビーほたてでも美味しく作れます

≡ 材料〈1膳分〉

ごはん ● 茶碗1膳
ほたて(刺身用) ● 2個
水菜 ● 小1株
A しょうゆ ● 小さじ1
　砂糖 ● 1つまみ
バター ● 10g

≡ 作り方

1. ほたては半分に切る。水菜は2cm長さに切る。
2. フライパンにバターを熱し、ほたてを入れてさっと炒め、Aを加えてからめる。
3. ボウルにごはん、水菜を入れ、2を煮汁ごと加えてさっくり混ぜ、茶碗に盛る。

おくすり食材〔うるおす〕

ほたて、バターともにうるおいを補うだけでなく、
ほたてはアンチエイジング、バターは肩こりにも効果があります。

第6章 体をうるおす

煮きゅうり飯
口あたりがとろ〜りやわらか

材料〈1膳分〉

- ごはん ● 茶碗1膳
- きゅうり ● ½本
- 鶏ささみ ● 1本
- 塩 ● 1つまみ
- しょうが(薄切り) ● 2枚
- A
  - 薄口しょうゆ ● 小さじ1
  - 片栗粉 ● 小さじ½
  - だし ● 50㎖
- ごま油 ● 小さじ2

作り方

1. きゅうりは長さを半分にして縦4等分に切り、ささみはそぎ切りにして塩をふる。しょうがはせん切りにする。
2. フライパンにごま油を熱し、ささみを入れて両面焼き、きゅうり、しょうがを加えてさっと炒め合わせる。
3. 混ぜ合わせたAを加えてとろみがつくまで3分煮て、ごはんにかける。

おくすり食材〔うるおす〕
きゅうりは皮膚をうるおし、しっとり肌に整えます。
体内に滞っている汚れた水分を排出してくれるので、むくみ解消にも効果的。

長いも味噌チーズ焼き飯
香ばしい香りが食欲をそそります

材料〈1膳分〉
- ごはん ● 茶碗1膳
- 長いも ● 5㎝
- 小ねぎ ● 1本
- A 味噌 ● 小さじ2
   はちみつ ● 小さじ1
- ピザ用チーズ ● 大さじ2
- オリーブオイル ● 小さじ2

作り方
1. 長いもは皮つきのまま1㎝厚さの輪切りにする。小ねぎは小口切りにする。
2. フライパンにオリーブオイルを熱し、長いもを入れて片面2分ずつ焼く。弱火にして混ぜ合わせたA、ピザ用チーズをのせ、ふたをしてチーズが溶けるまで焼く。
3. ごはんにのせ、小ねぎをちらす。

おくすり食材〔うるおす〕
長いもとチーズは肌や髪のかさつきを改善。
オリーブオイルでさらにうるおいをプラスします。

洋風鮭茶漬け

うるおい食材をたっぷりトッピングしました

材料〈1膳分〉

ごはん ● 茶碗1膳
ピザ用チーズ ● 適量
鮭フレーク ● 大さじ2
輪切りオリーブ ● 大さじ1
白ごま ● 小さじ1
緑茶 ● 200㎖

作り方

1. ごはんにピザ用チーズ、鮭フレーク、オリーブをのせ、白ごまをふりかけ、熱い緑茶をそそぐ。

おくすり食材〔うるおす〕

チーズは髪のパサつき改善、白ごまは白髪の予防など、美髪効果が期待できます。緑茶は熱を冷まし、乾きを鎮めます。

たことゴーヤの梅ヨーグルト飯
ヨーグルトでゴーヤの苦みがマイルドに

材料〈1膳分〉
ごはん ● 茶碗1膳
ゆでたこの足 ● 1本
ゴーヤ ● 5cm
塩 ● 2つまみ
A｜ヨーグルト ● 大さじ1
　　梅肉、マヨネーズ
　　　● 各小さじ1

作り方
1. たこは薄切りにする。ゴーヤは縦半分に切り、種を取って薄切りにし、塩をふってもむ。さっとゆで、冷水に取って水けをしぼる。
2. ボウルにAを混ぜ合わせ、1をあえて、ごはんにのせる。

おくすり食材〔うるおす〕
たこは新陳代謝を促進し、ヨーグルトには美肌効果が。
梅は発汗した体をうるおし、ゴーヤが熱を取るので夏向き。

冬瓜とさつま揚げのあんかけ飯

味のしみた冬瓜がしみじみ美味しい

材料〈1膳分〉

- ごはん ● 茶碗1膳
- 冬瓜 ● 100g
- さつま揚げ ● 1枚
- にんにく ● 1/2かけ
- A
  - 鶏ガラスープのもと（顆粒）、片栗粉 ● 各小さじ1/2
  - 塩 ● 1つまみ
  - 水 ● 100mℓ
- サラダ油 ● 小さじ2

作り方

1. 冬瓜は種とわたを取り、皮をむいて薄切りにする。さつま揚げは食べやすい大きさに切る。にんにくは包丁の腹でつぶす。
2. フライパンにサラダ油を熱し、にんにくを入れる。香りが立ったら冬瓜、さつま揚げを加えて炒める。
3. Aを混ぜ合わせて加え、弱火でやわらかくなるまで煮て、ごはんにかける。

おくすり食材〔うるおす〕
水分を補い、うるおいを与える冬瓜は美肌に効き目あり。
乱れた水分代謝を整えて、むくみも改善します。皮にも薬効があるので薄くむいて。

トマトマーボー飯
子供でも食べやすいマイルドな味わいです

材料（1膳分）

ごはん ● 茶碗1膳
トマト ● 1個
長ねぎ ● 4cm
豚ひき肉 ● 80g
A｜ケチャップ ● 大さじ1
　　味噌 ● 小さじ1
　　豆板醤 ● 少々
ごま油 ● 小さじ2

作り方

1. トマトはくし形切り、長ねぎは粗みじん切りにする。
2. フライパンにごま油を熱し、ひき肉を入れてパラパラになるまで炒め、トマトを加えて角が取れるまで炒める。
3. A、長ねぎを加えて炒め合わせ、ごはんにかける。

おくすり食材〔うるおす〕
トマトは体をみずみずしく保ち、乾燥によるシミやシワを防ぎ、肌ケアに役立ちます。豚肉もうるおい食材です。

第6章 体をうるおす

れんこんペペロンチーノ飯
れんこんをイタリアンテイストで

材料〈1膳分〉

ごはん ● 茶碗1膳
れんこん ● 3cm
豚バラ薄切り肉 ● 40g
A にんにく ● ½かけ
　赤唐辛子(輪切り) ● 適量
塩 ● 1つまみ
こしょう ● 少々

作り方

1. れんこんは5mm厚さのいちょう切りにする。豚肉は食べやすい大きさに切って塩少々(分量外)をふる。にんにくは包丁の腹でつぶす。
2. フライパンに豚肉を入れて熱してさっと炒め、脂が出たらAを入れる。にんにくの香りが立ったられんこんを加え、薄く焼き色がつくまで3分炒める。
3. 塩、こしょうをふり、ごはんにのせる。

おくすり食材〔うるおす〕
うるおい食材のれんこんと豚肉に、体を温め、エネルギーや血液を巡らせるにんにく、赤唐辛子をプラス。冬の乾燥対策に。

りんご豚飯
フルーティな隠し味で洋食屋さん風

材料〈1膳分〉

ごはん ● 茶碗1膳
豚しょうが焼き用肉 ● 3枚
塩、こしょう、小麦粉 ● 各少々
玉ねぎ ● 1/6個
A｜ りんごジュース ● 大さじ1
　｜ しょうゆ ● 小さじ1
オリーブオイル ● 小さじ2

作り方

1. 豚肉は半分に切って塩、こしょうをし、小麦粉を薄くまぶす。玉ねぎは薄切りにする。
2. フライパンにオリーブオイルを熱して玉ねぎを炒め、しんなりしたら豚肉を入れ、両面を焼く。
3. Aを加えて煮からめ、ごはんにのせる。

おくすり食材〔うるおす〕
豚肉は水分を生み出してうるおす作用があるので、体の中から乾燥対策ができます。りんごは肌を活性化させて美肌を保ちます。

第6章　体をうるおす

COLUMN ❸
おくすり浅漬け

おくすり飯の副菜におすすめなのが、
薬膳作用のあるヘルシーな野菜の浅漬け。
材料をポリ袋に入れて軽くもめば完成。
1回分だけパパッと作って、すぐに食べられます。

〔消化を助ける〕
オクラとラディッシュの酢じょうゆ漬け

≡ 材料と作り方〈1人分〉

ポリ袋にガクを削ぎ落としたオクラ2本、ラディッシュ1個を入れ、酢、しょうゆ、砂糖、水各大さじ1を加えて軽くもみ、10分おく。

〔体をうるおす〕
ミニトマトときゅうりの味噌ヨーグルト漬け

≡ 材料と作り方〈1人分〉

ポリ袋に5mm幅の斜め切りにしたきゅうり1/3本、ミニトマト3個を入れ、プレーンヨーグルト(無糖)、味噌各大さじ3、塩大さじ1を加えて軽くもみ、10分おく。

〔心に効く〕
パプリカとセロリのごまオイスター漬け

≡ 材料と作り方〈1人分〉

パプリカ(赤)1/4個は縦4等分に切る。セロリ1/4本は葉と茎に分け、茎を縦4等分に切る。ポリ袋に入れ、オイスターソース、水各大さじ1、ごま油小さじ1を加えて軽くもみ、10分おく。

第7章

熱を冷ます

生活リズムが乱れると、のぼせ、ほてり、目や肌の乾燥、吹き出物など、「熱」の症状が現れます。
余分な熱を冷ます効果のある食材で不調を改善しましょう。
冷えすぎが気になるときは加熱調理がおすすめです。

熱々ゆでレタス飯

ゆでてもシャキシャキ食感

材料〈1膳分〉

ごはん ● 茶碗1膳
しめじ ● 1/3パック
塩 ● 適量
レタス ● 2枚
A │ オイスターソース
　　　● 小さじ1
　　しょうゆ、ごま油
　　　● 各少々

作り方

1. しめじは小房に分ける。
2. 鍋に湯を沸かして塩を入れ、1を入れる。再び沸騰したらレタスを加え、透明感が出るまで1分ゆでてざるにあげる。
3. ごはんにのせ、混ぜ合わせたAをかける。

おくすり食材〔冷ます〕
しめじは体の熱を冷まし、肌荒れや便秘を改善します。
レタスはほてりやのぼせを鎮め、夏バテ解消にもおすすめの食材です。

なす味噌飯
こっくり豚味噌で箸が進みます

≡ 材料〈1膳分〉
ごはん ● 茶碗1膳
なす ● 1本
豚ひき肉 ● 50g
A　味噌 ● 小さじ2
　　砂糖 ● 小さじ1
　　水 ● 大さじ1
サラダ油 ● 小さじ2

≡ 作り方
1. なすは縦半分に切り、1cm幅に斜め切りにする。
2. フライパンにサラダ油を熱し、ひき肉を入れて炒める。色が変わったら1を加えてさっと炒め、ふたをしてときどき混ぜながら3分炒める。
3. 混ぜ合わせたAを加えて炒め合わせ、ごはんにのせる。

おくすり食材〔冷ます〕
ストレスで余分な熱がたまり体の内側が乾燥すると、便秘や吹き出物の原因に。
体を冷やすなすとうるおいを補う豚肉でバランスを。

アボカドのさっと煮飯
だしの味とアボカドが意外にマッチ

材料〈1膳分〉
ごはん ● 茶碗1膳
アボカド ● ½個
油揚げ ● ½枚
A｜しょうゆ(あれば薄口)、
　｜みりん ● 各小さじ1
　｜だし ● 100mℓ

作り方
1. アボカドはスプーンで一口大にすくう。油揚げはキッチンペーパーにはさんで油をとり、縦半分に切ってから2cm幅に切る。
2. 鍋に油揚げ、Aを入れて火にかけ、沸騰したらアボカドを加えて火を弱め、2分煮て、ごはんにのせる。

おくすり食材〔冷ます〕
アボカドは熱を冷まし、目の充血、ドライアイ、顔の赤みを改善。
油揚げは胃腸の機能を高め、体をうるおす効果があります。

しじみスープ飯
しじみの旨みがきいたエスニック味です

材料〈1膳分〉
ごはん ● 茶碗1膳
しじみ（砂出ししたもの）● 80g
パプリカ（黄）● ¼個
小ねぎ ● 1本
水 ● 150mℓ
ナンプラー ● 小さじ½

作り方
1. しじみは殻をこすり合わせて洗う。パプリカは縦薄切りに、小ねぎは3cm長さに切る。
2. 鍋に水、しじみ、パプリカを入れて火にかけ、しじみの口があいたら小ねぎ、ナンプラーを加えてひと煮立ちさせ、ごはんにかける。

おくすり食材〔冷ます〕
しじみとパプリカは、どちらも熱を冷まし、気持ちを安定させる作用が。カッカして寝つけないときの夜食にぴったりです。

きゅうりと桜えびの塩炒め飯

桜えびとごま油が香ばしい

材料〈1膳分〉

ごはん ● 茶碗1膳
きゅうり ● 1本
桜えび ● 大さじ1
塩 ● 小さじ½
ごま油 ● 小さじ2

作り方

1. きゅうりは、ピーラーで皮を縞目にむいて乱切りにする。
2. フライパンにごま油を熱し、桜えびを入れてさっと炒め、1、塩を加えて炒め合わせ、ごはんにのせる。

おくすり食材〔冷ます〕
白にきびには、皮膚の熱を発散させるきゅうりが効果的です。
ごま油も熱を持った吹き出物を改善してくれます。

ハーブ大根飯
ハーブはドライタイプのものでも

≡ 材料〈1膳分〉

ごはん ● 茶碗1膳
大根 ● 3cm
塩 ● 2つまみ
ミントの葉 ● 1つまみ
生ハム ● 1枚
オリーブオイル ● 適量

≡ 作り方

1. 大根は薄いいちょう切りにしてポリ袋に入れ、塩とミントの葉を入れてもむ。
2. ごはんに1をのせて生ハムを添え、オリーブオイルをかける。

おくすり食材〔冷ます〕
大根とミントはともに熱を冷ます効果が。ミントは頭の熱を冷まし、顔のほてり、鼻づまり、目の充血を改善。のどの腫れにも。

第7章　熱を冷ます

豆もやしのクッパ飯
ごま油で炒めてコクを出しました

材料〈1膳分〉

ごはん ● 茶碗1膳
豆もやし ● 50g
Ⓐ 鶏ガラスープのもと(顆粒)
　　● 小さじ½
　しょうゆ、こしょう
　　● 各少々
　水 ● 200㎖
乾燥わかめ ● 1つまみ
卵 ● 1個
ごま油 ● 小さじ2

作り方

1. フライパンにごま油を熱し、豆もやしを入れてさっと炒め、Ⓐ、わかめを加える。沸騰したら弱火にして、5分煮る。
2. 火を強めて再度沸騰させて溶き卵を回し入れ、火をとめてごはんにかける。

おくすり食材〔冷ます〕
豆もやしは余分な水分を排出し、熱を冷まして、むくみ、二日酔いを改善。口臭も予防します。わかめもむくみや風邪の熱に効果あり。

ウーロン茶飯
冷やしてさっぱりいただきます

≡ 材料〈1膳分〉

ごはん ● 茶碗1膳
たくあん、しば漬け ● 各適量
ウーロン茶(冷たいもの) ● 200㎖
鶏ガラスープのもと(顆粒)
　● 1つまみ
乾燥わかめ ● 1つまみ

≡ 作り方

1. たくあんは細切りにする。
2. ウーロン茶に鶏ガラスープのもとを入れて溶き、わかめを加えて戻す。
3. ごはんに1、しば漬け、わかめをのせ、2のウーロン茶をかける。

おくすり食材〔冷ます〕
ウーロン茶とわかめは体の熱を冷まし、水分代謝を促す食材。
相乗効果でのぼせやほてり、むくみを効率的に改善してくれます。

焼きたけのこ飯
春の香りよい食材を2つ合わせました

材料〈1膳分〉
ごはん ● 茶碗1膳
ゆでたけのこ ● ½本
はんぺん ● ⅓枚
三つ葉 ● ⅓束
A | しょうゆ、みりん
　 ● 各小さじ1
ごま油 ● 小さじ2

作り方
1. たけのこは穂先を1cm幅のくし形切り、根元は1cm幅の半月切りにする。はんぺんは4等分、三つ葉は3cm長さに切る。
2. フライパンにごま油を熱し、たけのこ、はんぺんを入れて焼き目がつくまで両面焼いてはんぺんを取り出し、Aを加えてからめる。
3. ごはんに三つ葉を広げ、はんぺん、2をのせる。

おくすり食材〔冷ます〕
たけのこはむくみに効果があり、腸内の老廃物を排出するので、ダイエットにおすすめ。三つ葉で肩こりやストレスも改善。

ごぼうと厚揚げのドライカレー飯
肉のかわりに厚揚げでヘルシーに

材料〈1膳分〉

- ごはん ● 茶碗1膳
- ごぼう ● 1/3本
- 厚揚げ ● 1/2枚
- 長ねぎ ● 5cm
- 水 ● 100ml
- A
  - カレー粉、しょうゆ、ケチャップ ● 各小さじ2
  - 塩 ● 1つまみ
- サラダ油 ● 小さじ2

作り方

1. ごぼうはピーラーで小さめのささがきにする。厚揚げは1cm厚さに切る。長ねぎは粗みじん切りにする。
2. フライパンにサラダ油を熱して1を入れ、厚揚げを木べらでつぶしながら炒め、水を入れて7〜8分煮る。
3. Aを加えて炒め合わせ、ごはんにのせる。

おくすり食材〔冷ます〕
ごぼう、厚揚げはともにアンチエイジングにおすすめ。
ごぼうは水にさらさないほうが、ポリフェノールを摂れます。

トマトゴーヤチャンプルー飯

夏野菜同士で相性がいい組み合わせ

材料〈1膳分〉

ごはん ● 茶碗1膳
ゴーヤ ● 1/3本
ミニトマト ● 5個
卵 ● 1個
A｜しょうゆ ● 小さじ1/2
　　塩、こしょう ● 各少々
サラダ油 ● 小さじ2
かつおぶし ● 適量

作り方

1. ゴーヤは縦半分に切り、種を取って薄切りにする。
2. フライパンにサラダ油を熱し、1、ミニトマトを入れてしんなりするまで炒める。溶き卵を回し入れて全体にからめ、Aを加えて味を調える。
3. ごはんにのせ、かつおぶしをかける。

おくすり食材〔冷ます〕
ゴーヤとミニトマトのコンビは体にこもった熱を鎮めてくれるので、夏バテ予防に。夏に気になるシミ、くすみも改善してくれます。

第8章

心に効く

足りない栄養を補い、滞りなく巡らせてすみずみまで届けることで、心は安定します。イライラ、不安、不眠、食欲不振などの不調がある人は、心に効くおくすり飯を。ゆっくりいただいて、しっかり取り入れて、心と体を養いましょう。

クレソンのふんわり卵飯
クレソンのほろ苦さがクセになる

材料〈1膳分〉
ごはん ● 茶碗1膳
クレソン ● 1束
卵 ● 1個
塩 ● 1つまみ
しょうゆ ● 少々
サラダ油 ● 小さじ1
バター ● 5g

作り方
1. クレソンはざく切りにする。ボウルに卵を溶きほぐして塩を混ぜる。
2. フライパンにサラダ油を熱し、バターを入れ、溶けたら卵を加えて大きく混ぜる。
3. 卵が半熟状になったらクレソンを加えてさっと混ぜる。しょうゆを回し入れ、ごはんにのせる。

おくすり食材〔心に効く〕
クレソンと卵は、どちらも心を落ち着かせてくれる効果が。卵で栄養を補い、クレソンが巡らせる、効果的な組み合わせです。

ナポリタン飯
ごはんとよく混ぜて召し上がれ

材料〈1膳分〉

ごはん ● 茶碗1膳
ピーマン ● 2個
ハム ● 1枚
玉ねぎ ● ⅙個
A │ ケチャップ ● 大さじ1
　　│ 塩、こしょう ● 各少々
サラダ油 ● 小さじ2
あらびき黒こしょう ● 少々

作り方

1. ピーマンは輪切り、ハムは細切り、玉ねぎは薄切りにする。
2. フライパンにサラダ油を熱し、玉ねぎを入れてしんなりするまで炒め、ピーマン、ハムを加えて炒める。
3. **A**を加えて炒め合わせ、ごはんにのせて、こしょうをふる。

おくすり食材〔心に効く〕
気持ちをのびやかにするピーマンと玉ねぎ。エネルギーを補うごはんと組み合わせることで、疲れた心を元気にしてくれます。

ラーパーツァイ風飯

中華風甘酢漬けをたっぷりのせました

材料〈1膳分〉

ごはん ● 茶碗1膳
白菜 ● 2枚
しょうが(薄切り) ● 2枚
塩 ● 小さじ½
A 酢 ● 大さじ1
　砂糖 ● 小さじ2
鮭フレーク ● 大さじ1
ラー油 ● 適量

作り方

1. 白菜は太めのせん切りに、しょうがはせん切りにする。
2. ポリ袋に1、塩を入れて軽くもみ、5分おく。水けをしぼってAを加えて混ぜ合わせる。
3. ボウルにごはん、鮭フレークを入れて混ぜ合わせる。茶碗に盛り、2をのせてラー油をかける。

おくすり食材〔心に効く〕
白菜は生理前のイライラや憂うつ、集中力の低下を緩和。
しょうが、鮭はやる気が出ないときに気分をリフレッシュ。

ジャスミンえび飯
ジャスミン茶で香りよく仕上がります

材料〈1膳分〉
ごはん ● 茶碗1膳
むきえび ● 100g
A｜鶏ガラスープのもと(顆粒)
　　● 小さじ1
　｜片栗粉 ● 小さじ½
　｜しょうゆ ● 少々
　｜ジャスミン茶 ● 100mℓ
水菜 ● ½株

作り方
1. 小鍋にえび、Aを入れて火にかけ、混ぜながらとろみがつくまで煮る。
2. 水菜はざく切りにする。
3. ごはんに2を広げ、1をのせる。

おくすり食材〔心に効く〕
えびは気力アップに効果が。疲れが取れ、気分も軽くなります。
ジャスミン茶は感情のコントロールがうまくできないときに。

あさりもやし飯
あさりの塩けを活かしてシンプルに

材料〈1膳分〉

ごはん ● 茶碗1膳
あさり(砂出ししたもの) ● 100g
豆もやし ● 50g
塩、こしょう ● 各少々
サラダ油 ● 小さじ2

作り方

1. あさりは殻をこすり合わせて洗う。フライパンにサラダ油を熱し、豆もやしをさっと炒める。
2. あさり、水大さじ1(分量外)を加えてふたをし、3分加熱する。
3. あさりの口があいたら塩、こしょうで味を調え、ごはんにのせる。

おくすり食材〔心に効く〕
不安なときや自律神経が整わないときは、カッとしがち。
あさりは頭にのぼった血を冷まし、精神を安定させます。

黒ごまスナップエンドウ飯
カニかまぼこを加えて満足感アップ

材料〈1膳分〉
ごはん ● 茶碗1膳
スナップエンドウ ● 4本
塩 ● 少々
カニかまぼこ ● 3本
A　黒すりごま ● 大さじ1
　　しょうゆ ● 小さじ1
　　砂糖 ● 1つまみ

作り方
1. スナップエンドウは塩を加えた熱湯でさっとゆで、ざるにあげて3等分に切る。カニかまぼこは3等分に切る。
2. ボウルにAを混ぜ合わせ、1を加えてあえ、ごはんにのせる。

おくすり食材〔心に効く〕
スナップエンドウは気の滞りを改善。イライラ、胸のつかえ感、PMSに効果が。黒ごまは血を補い、心を安定させます。

第8章　心に効く

チンゲン菜蒸し鶏飯

カオマンガイ風のエスニックな味わいです

材料〈1膳分〉

ごはん ● 茶碗1膳
チンゲン菜 ● ½株
鶏もも肉 ● ⅓枚
塩 ● 少々
長ねぎ(青い部分) ● 1本分
A│ナンプラー、レモン汁
　　● 各小さじ1
　砂糖 ● 小さじ½
　赤唐辛子(輪切り) ● 適量

作り方

1. チンゲン菜は縦4等分に切り、さらに長さを半分に切る。鶏肉に塩をふる。
2. 耐熱皿にチンゲン菜を広げ、鶏肉、長ねぎの順でのせ、ラップをかけて電子レンジで3分加熱する。
3. チンゲン菜、食べやすい大きさに切った鶏肉をごはんにのせ、混ぜ合わせたAをかける。

おくすり食材〔心に効く〕

チンゲン菜はぐっすり眠れない人におすすめ。
赤唐辛子は交感神経を刺激し、気持ちを持ち上げてくれる効果があります。

豚らっきょう飯
漬け汁を入れれば手軽に美味しい

材料〈1膳分〉

ごはん ● 茶碗1膳
らっきょうの甘酢漬け ● 10粒
豚こま切れ肉 ● 80g
A　らっきょうの甘酢漬けの汁
　　　● 大さじ1
　　しょうゆ ● 少々
　　片栗粉 ● 小さじ½
ごま油 ● 小さじ2
七味唐辛子 ● 少々

作り方

1. らっきょうは半分に切る。
2. フライパンにごま油を熱し、豚肉を入れて色が変わるまで炒め、1を加えてさっと炒める。
3. Aを混ぜ合わせて加え、とろみがつくまで炒めて、ごはんにのせ、七味唐辛子をふる。

おくすり食材〔心に効く〕
らっきょうはストレスを取り除くので、気分の減入っているときに。
甘酢漬けの酢でイライラを改善する効果も期待できます。

第8章　心に効く

ひじきチャーハン
しょうゆの香ばしさが食欲をそそります

材料〈1膳分〉
ごはん ● 茶碗1膳
乾燥ひじき ● 大さじ2
水 ● 100mℓ
チャーシュー(市販) ● 2枚
しょうゆ、こしょう ● 各少々
サラダ油 ● 小さじ2

作り方
1. 耐熱容器にひじき、水を入れてラップをかけ、電子レンジで2分加熱して水けをきる。チャーシューは角切りにする。
2. フライパンにサラダ油を熱し、1を入れてさっと炒める。ごはんを加えて木べらでほぐしながら炒め合わせる。
3. しょうゆ、こしょうを加えて味を調え、茶碗に盛る。

おくすり食材〔心に効く〕
気力を充実させてくれるひじきは、自信が持てなくなったり、考えがまとまらなくなったときに積極的に摂りたい食材です。

ビリアニ風アーモンド飯
カレー粉をきかせたインドのごはん

材料〈1膳分〉
ごはん ● 茶碗1膳
玉ねぎ ● 1/6個
アーモンド ● 10粒
A
　にんにく、しょうが
　　（すりおろし） ● 各少々
　カレー粉 ● 小さじ1
　コンソメ（顆粒） ● 小さじ1/2
　塩 ● 少々
うずらの卵（水煮） ● 5個
サラダ油 ● 小さじ2

作り方
1. 玉ねぎはみじん切りにする。
2. フライパンにサラダ油を熱し、1を入れて香りが立つまで炒め、ごはん、アーモンド、Aを加え、木べらでほぐしながら炒め合わせる。
3. うずらの卵を加えて混ぜ合わせ、茶碗に盛る。

おくすり食材〔心に効く〕
アーモンドとカレー粉は心を安定させ、ストレスを緩和します。
ともに生理不順や肩こりにも効果的な食材です。

COLUMN ❹
おくすり茶

ほっとひと息つくときに欠かせないお茶。
お茶そのものにも薬膳の効能がありますが、
ここでは身近な食材をプラスしたり、
ドライハーブを使ったものを紹介します。

〔デトックス〕
焼き梅ウーロン
≡ 材料と作り方〈1杯分〉
フォークに梅干し1個をさして直火で焼く。器に熱いウーロン茶150㎖を入れて梅干しを加え、つぶしながら飲む。

〔消化を助ける〕
月桂樹茶
≡ 材料と作り方〈1杯分〉
器に月桂樹の葉1～2枚を折って入れ、熱湯150㎖を加えて2分おく。
※2煎までいれられる。

〔熱を冷ます〕
ゴーヤ茶
≡ 材料と作り方〈1杯分〉
急須に緑茶適量とゴーヤの薄切り1枚を入れ、熱湯150㎖を入れて蒸らす。器にそそぎ、輪切りのゴーヤを浮かべる。

特別編

おくすりおにぎり

おにぎりにすれば、おくすり飯をさらに手軽に日々の食事に取り入れられます。
具だくさんでも、ラップを使えばきれいににぎれます。
朝食やお弁当、小腹がすいたときのおやつなどにも。

〈体を温める〉

おにぎり_01
ごはんに合う塩だれの味
ねぎオイル

≡ 材料と作り方〈1個分〉

ボウルにごはん100g、みじん切りにした長ねぎ3㎝、ごま油小さじ1、塩1つまみを入れて混ぜ、にぎって七味唐辛子少々をふる。

おにぎり_02
ほんのりやさしい甘さ
鶏味噌

≡ 材料と作り方〈1個分〉

フライパンにサラダ油小さじ1を熱し、鶏ひき肉大さじ3、しょうがのみじん切り少々を入れて炒め、味噌小さじ2、砂糖小さじ½を加えて混ぜる。ボウルに入れ、ごはん100gを加えて混ぜ、にぎる。

おにぎり_03
エスニックな風味がやみつきに
パクチーしらす

≡ 材料と作り方〈1個分〉

ボウルにごはん100g、刻んだパクチー1本、しらす大さじ1、ナンプラー少々を入れて混ぜ、にぎる。

〈 エネルギーを補う 〉

おにぎり_04

男子に人気のボリュームおにぎり
牛肉巻き

≡ 材料と作り方〈1個分〉

ごはん100gをにぎり、牛薄切り肉1枚で巻く。フライパンにサラダ油小さじ2を熱し、おにぎりを転がしながら焼き、みりん小さじ2、しょうゆ小さじ1を加えて全体にからめ、白ごま少々をふる。

おにぎり_05

水玉模様がかわいい
豆ツナ

≡ 材料と作り方〈1個分〉

耐熱容器に冷凍グリンピース大さじ2を入れ、電子レンジで40秒加熱する。ボウルに入れ、ごはん100g、ツナ（缶詰）大さじ1、塩1つまみ、こしょう少々を加えて混ぜ、にぎる。

おにぎり_06

しっかり食感で食べごたえあり
たこナンプラー

≡ 材料と作り方〈1個分〉

フライパンにサラダ油小さじ1を熱し、薄切りにしたゆでだこの足1/3本を入れてさっと炒め、ナンプラー小さじ1/2、あらびき黒こしょう少々を加えて混ぜる。ボウルに入れて、ごはん100gを加えて混ぜ、にぎる。

特別編　おくすりおにぎり

〈巡りをよくする〉

{ おにぎり_07
甘酢にさっと漬けて色鮮やかに
みょうが寿司

≡ 材料と作り方〈1個分〉

みょうが1個は縦半分に切って薄切りにする。ボウルに入れて、酢小さじ½、砂糖2つまみ、塩1つまみを加えて混ぜ合わせる。ごはん100gを加えて混ぜ、にぎる。

{ おにぎり_08
粒マスタードとの組み合わせが新鮮
黒豆

≡ 材料と作り方〈1個分〉

ボウルにごはん100g、黒豆(甘煮)大さじ2、粒マスタード小さじ2、塩1つまみを入れて混ぜ、にぎる。

{ おにぎり_09
大人好みの香り高いおにぎり
クレソン

≡ 材料と作り方〈1個分〉

耐熱皿に細切りにしたベーコン1枚を広げ、電子レンジで30秒加熱する。ボウルに入れ、ごはん100g、ざく切りにしたクレソン1枝、塩1つまみ、こしょう少々を加えて混ぜ、にぎる。

〈デトックス〉

おにぎり_10
まいたけをたっぷり加えて
焼きまいたけ

≡ 材料と作り方〈1個分〉

フライパンにサラダ油小さじ1を熱し、ほぐしたまいたけ1/3パックを入れて炒める。しんなりしたら、しょうゆ小さじ1を回し入れる。ボウルに入れ、ごはん100gを加えて混ぜ、にぎる。くし形切りにしたすだち少々をのせる。

おにぎり_11
和の香りを堪能できる
ゆずこしょう

≡ 材料と作り方〈1個分〉

ボウルにごはん100g、せん切りにした大葉1枚、ゆずこしょう少々を入れて混ぜ、にぎる。ゆずこしょう少々をのせる。

おにぎり_12
カリッとした歯ごたえ
かぼちゃ塩昆布

≡ 材料と作り方〈1個分〉

ボウルにごはん100g、塩昆布2つまみ、かぼちゃの種大さじ1を入れて混ぜ、にぎる。

特別編　おくすりおにぎり

〈 消化を助ける 〉

おにぎり_13
紅しょうが入りでさっぱり味に
しらす紅しょうが

材料と作り方〈1個分〉

ボウルにごはん100g、しらす大さじ1、刻んだ紅しょうがと黒ごま各小さじ1を入れて混ぜ、にぎる。

おにぎり_14
ごま油で炒めてコクをプラス
菜飯

材料と作り方〈1個分〉

フライパンにごま油小さじ1を熱し、刻んだ小松菜1茎を入れてしんなりするまで炒め、塩1つまみをふる。ボウルに入れ、ごはん100gを加えて混ぜ、にぎる。

おにぎり_15
アンチョビの塩けがごはんに合う
アンチョビビーンズ

材料と作り方〈1個分〉

フライパンにサラダ油小さじ1を熱し、アンチョビ1枚を入れて木べらでほぐしながら炒め、ミックスビーンズ（水煮）大さじ2を加えてさっと炒める。ボウルに入れ、ごはん100g、塩、こしょう各少々を加えて混ぜ、にぎる。

〈体をうるおす〉

おにぎり_16

食べ飽きない素朴な味
のりたま

≡ 材料と作り方〈1個分〉

耐熱容器に卵1個を割りほぐし、電子レンジで40秒加熱し、箸で混ぜてそぼろ状にする。ボウルに入れ、ごはん100g、青のり小さじ2、塩1つまみを加えて混ぜ、にぎる。

おにぎり_17

ワインのおつまみにも
オリーブチーズ

≡ 材料と作り方〈1個分〉

ボウルにごはん100g、角切りにしたプロセスチーズ15g程度、輪切りにしたオリーブ大さじ1、塩1つまみ、こしょう少々を入れて混ぜ、にぎる。あらびき黒こしょう少々をふる。

おにぎり_18

とろーりチーズがイタリアン
ピザおにぎり

≡ 材料と作り方〈1個分〉

ごはん100gをにぎる。ケチャップ小さじ1を塗り、輪切りにしたウインナー1本、ピザ用チーズ少々の順にのせ、オーブントースター(1000W)でチーズにこんがり焼き色がつくまで焼く。

特別編　おくすりおにぎり

〈熱を冷ます〉

おにぎり_19
フレッシュなレモンがさわやか
わかめレモン

材料と作り方〈1個分〉

乾燥わかめ2つまみは水で戻す。フライパンにごま油小さじ1を熱し、水けをしぼったわかめをさっと炒め、しょうゆ少々を入れる。ボウルに入れ、ごはん100gを加えて混ぜ、いちょう切りにしたレモン少々を混ぜてにぎる。

おにぎり_20
シャキッとライスサラダ感覚で
レタス

材料と作り方〈1個分〉

鍋に湯を沸かし、レタス1枚をさっとゆでて水けをきる。ボウルにごはん100g、塩1つまみ、ごま油少々を加えて混ぜ、にぎる。ハム1枚をのせてレタスで包む。

おにぎり_21
レンジだけで簡単調理
ひじき

材料と作り方〈1個分〉

耐熱容器に芽ひじき小さじ1と水大さじ2を入れて電子レンジで1分加熱し、水けをきる。ボウルに入れ、ごはん100g、ゆで枝豆大さじ2、しょうゆ小さじ1、ごま油少々を加えて混ぜ、にぎる。

〈 心に効く 〉

おにぎり_22

ピラフのような洋風の味わい
コンソメパプリカ

≡ 材料と作り方〈1個分〉

パプリカ(赤・黄) 各1/6個は角切りにする。耐熱容器に入れ、コンソメ（顆粒）1つまみ、水小さじ1を加えて電子レンジで40秒加熱する。ボウルに入れ、ごはん100gを加えて混ぜ、にぎる。

おにぎり_23

おかかじょうゆでほっとする美味しさ
セロリ

≡ 材料と作り方〈1個分〉

ボウルにごはん100g、薄切りにしたセロリ5cm、かつおぶし2つまみ、しょうゆ小さじ1を入れて混ぜ、にぎる。

おにぎり_24

揚げずに作れるのがうれしい
ライスコロッケ

≡ 材料と作り方〈1個分〉

フライパンにパン粉大さじ3、オリーブオイル小さじ2を入れてこんがりと炒める。ボウルにごはん100g、ケチャップ大さじ1を入れて混ぜ、3等分にしてそれぞれプロセスチーズ5gをのせてにぎり、炒めたパン粉をまぶしつける。

特別編　おくすりおにぎり

≡ おわりに

ごはん好きの我が家では
毎日、家族そろって『おくすり飯』の
朝ごはんを食べます。
眠気を覚まし、体を温めてくれるので、
みんな幸せな気持ちで出かけられます。
夜もやっぱりごはんは欠かせません。
遅く帰ってきたときでも、体に負担をかけずに
エネルギーを補えるからです。

1人分ずつパパッと作れる「おくすり飯」。
簡単な汁ものとお漬け物などの副菜があれば
立派な献立になるのもうれしいところ。
家ごはんだけでなく、
お弁当にも活用することができます。

おかずの効能の底上げをする役目を
きちんと果たしてくれる、ごはん。
体を温めて消化を助けるごはんの効果を
ぜひもう一度見直してほしいと思います。

主な食材別索引

【野菜・きのこ・果物】

●アボカド
レバーガーリック飯 35
アボカドのさっと煮飯 94

●えのきだけ
青のりえのき飯 53

●大葉
しそナムル飯 55
焼きトマト飯 78

●オクラ
ガンボ風スープ飯 76

●貝割れ大根
牛飯 73

●かぶ
さば缶とかぶのソテー飯 22

●かぼちゃ
かぼちゃのしょうがヨーグルト飯 19

●カリフラワー
カリフラワーの梅コンソメ飯 68

●キャベツ
ホイコーロー飯 30
鯛ごま飯 72

●きゅうり
煮きゅうり飯 82
きゅうりと桜えびの塩炒め飯 96

●グリーンアスパラガス
アスパラの甘辛飯 56
アスパラの明太バター飯 80

●クレソン
塩辛飯 46
クレソンのふんわり卵飯 104

●ゴーヤ
たことゴーヤの梅ヨーグルト飯 85
トマトゴーヤチャンプルー飯 102

●小ねぎ
小ねぎのじゅー飯 14
もずく豆乳飯 59
梅チキン飯 60
豆腐梅じゃこ飯 61
ピリ辛春雨飯 63
長いも味噌チーズ焼き飯 83
しじみスープ飯 95

●ごぼう
ごぼうと厚揚げのドライカレー飯 101

●さつまいも
さつまいもリゾット飯 74

●里いも
里いものじゃこごまサラダ飯 57

●さやいんげん
ぶりのごましょうゆ飯 34

●しいたけ
みぞれきのこ飯 52

●ししとう
ししゃも飯 48

●しめじ
熱々ゆでレタス飯 92

●じゃがいも
じゃがいも煮っころがし飯 70

●香菜
エスニックスープ飯 36
ベトナムなます飯 69

●春菊
じゃこピー春菊飯 54

●しょうが
かぼちゃのしょうがヨーグルト飯 19
えびチリ飯 33
鮭のねぎオイル飯 43
ルーローハン風飯 50
しそナムル飯 55
煮きゅうり飯 82
ラーパーツァイ風飯 106
ビリアニ風アーモンド飯 113

●ズッキーニ
塩もみズッキーニ飯 79

●スナップエンドウ
三宝菜飯 31
黒ごまスナップエンドウ飯 109

●大根
みぞれきのこ飯 52
大根のあっさり煮飯 66
ハーブ大根飯 97

●玉ねぎ
チキンライス 24
玉ねぎ飯 44
牛飯 73
ガンボ風スープ飯 76
りんご豚飯 89
ナポリタン飯 105
ビリアニ風アーモンド飯 113

●チンゲン菜
ルーローハン風飯 50
チンゲン菜蒸し鶏飯 110

●冬瓜
冬瓜とさつま揚げのあんかけ飯 86

●豆苗
豆苗の梅オイスター飯 32

●トマト
ガンボ風スープ飯 76
焼きトマト飯 78
トマトマーボー飯 87

●長いも
明太とろろ飯 29
長いも味噌チーズ焼き飯 83

●長ねぎ
ねぎとこしょうの豚汁飯 18
ねぎ塩かまぼこ飯 20
三宝菜飯 31
えびチリ飯 33
鮭のねぎオイル飯 43
トマトマーボー飯 87
ごぼうと厚揚げのドライカレー飯 101
チンゲン菜蒸し鶏飯 110

●なす
なすのチーズソース飯 45
なす味噌飯 93

●にら
にらのり飯 17
よだれ豚風飯 42

●にんじん
エスニックスープ飯 36
にんじんとレタスのたらこマヨ飯 40
キャロットラペ飯 41
ベトナムなます飯 69
五目豆飯 71

●にんにく
ホイコーロー飯 30
レバーガーリック飯 35
栗とマッシュルームのガーリック飯 47
ベトナムなます飯 69
ガンボ風スープ飯 76
冬瓜とさつま揚げのあんかけ飯 86
れんこんペペロンチーノ飯 88
ビリアニ風アーモンド飯 113

●白菜
ラーパーツァイ風飯 106

●パセリ
らっきょツナパセリ飯 21
チキンライス 24
たらと焼きパセリ飯 49

●パプリカ
豆オムレツ飯 75
しじみスープ飯 95

●ピーマン
ナポリタン飯 105

●ブロッコリー
蒸しブロッコリー飯 27
五目豆飯 71

●ベビーリーフ
納豆アーモンド飯 16

●まいたけ
みぞれきのこ飯 52

●マッシュルーム
チキンライス 24
栗とマッシュルームのガーリック飯 47

●豆もやし
豆もやしのクッパ飯 98
あさりもやし飯 108
●水菜
ほたてと水菜の混ぜ飯 81
ジャスミンえび飯 107
●三つ葉
三つ葉しらす飯 28
焼きたけのこ飯 100
●ミニトマト
めかぶとトマトの酸辣湯風飯 58
トマトゴーヤチャンプルー飯 102
●紫玉ねぎ
鶏から南蛮飯 15
焼肉サルサ飯 37
●レタス
ハムエッグ飯 26
にんじんとレタスのたらこマヨ飯 40
熱々ゆでレタス飯 92
●レモン
三つ葉しらす飯 28
エスニックスープ飯 36
●れんこん
れんこんペペロンチーノ飯 88

【肉・肉加工品】
●牛薄切り肉
焼肉サルサ飯 37
●牛こま切れ肉
牛飯 73
●ソーセージ
ガンボ風スープ飯 76
●鶏ささみ
煮きゅうり飯 82
●鶏ひき肉
豆腐バーグののりソース飯 62
●鶏むね肉
梅チキン飯 60
●鶏もも肉
鶏から南蛮飯 15
チキンライス 24
エスニックスープ飯 36
チンゲン菜蒸し鶏飯 110
●鶏レバー
レバーガーリック飯 35
●生ハム
ハーブ大根飯 97
●ハム
ハムエッグ飯 26
しそナムル飯 55
ナポリタン飯 105
●豚切り落とし肉
よだれ豚風飯 42

●豚こま切れ肉
ルーローハン風飯 50
豚らっきょう飯 111
●豚しょうが焼き用肉
りんご豚飯 89
●豚バラ薄切り肉
ねぎとこしょうの豚汁飯 18
ホイコーロー飯 30
れんこんペペロンチーノ飯 88
●豚ひき肉
トマトマーボー飯 87
なす味噌飯 93
●ベーコン
玉ねぎ飯 44
青のりえのき飯 53
五目豆飯 71
さつまいもリゾット飯 74
豆オムレツ飯 75

【魚介・魚介加工品】
●あさり
あさりもやし飯 108
●えび
えびチリ飯 33
●鮭フレーク
洋風鮭茶漬け 84
ラーパーツァイ風飯 106
●塩鮭
鮭のねぎオイル飯 43
●しじみ
しじみスープ飯 95
●ししゃも
ししゃも飯 48
●しらす
三つ葉しらす飯 28
●鯛（刺身用）
鯛ごま飯 72
●たら
たらと焼きパセリ飯 49
●ちりめんじゃこ
じゃこピー春菊飯 54
里いものじゃこごまサラダ飯 57
豆腐梅じゃこ飯 61
●ぶり
ぶりのごましょうゆ飯 34
●ほたて（刺身用）
ほたてと水菜の混ぜ飯 81
●まぐろ（刺身用）
まぐろユッケ風飯 23
●むきえび
ジャスミンえび飯 107
●ゆでたこの足
たことゴーヤの梅ヨーグルト飯 85

【卵】
●うずらの卵
三宝菜飯 31
ビリヤニ風アーモンド飯 113
●卵
納豆アーモンド飯 16
まぐろユッケ風飯 23
チキンライス 24
ハムエッグ飯 26
めかぶとトマトの酸辣湯風飯 58
豆オムレツ飯 75
豆もやしのクッパ飯 98
トマトゴーヤチャンプルー飯 102
クレソンのふんわり卵飯 104

【缶詰】
●さば水煮缶
さば缶とかぶのソテー飯 22
●大豆水煮缶
五目豆飯 71
●ツナ缶
らっきょツナパセリ飯 21
キャロットラペ飯 41
じゃがいも煮っころがし飯 70
●ホールコーン缶
味噌バターコーン飯 67

【その他】
●厚揚げ
ごぼうと厚揚げのドライカレー飯 101
●油揚げ
もずく豆乳飯 59
塩もみズッキーニ飯 79
アボカドのさっと煮飯 94
●乾燥ひじき
ひじきチャーハン 112
●乾燥わかめ
豆もやしのクッパ飯 98
ウーロン茶飯 99
●ちくわ
アスパラの甘辛飯 56
●納豆
納豆アーモンド飯 16
●梅肉
豆苗の梅オイスター飯 32
梅チキン飯 60
豆腐梅じゃこ飯 61
カリフラワーの梅コンソメ飯 68
たことゴーヤの梅ヨーグルト飯 85
●木綿豆腐
豆腐梅じゃこ飯 61
豆腐バーグののりソース飯 62
●ゆでたけのこ
焼きたけのこ飯 100

撮影	澤木央子
装丁	塙 美奈(ME&MIRACO)
編集協力	斎木佳央里
料理補助	友部理子、平岩紗千代、天野由美子
絵	コーチはじめ
校正	麦秋新社
編集	森 摩耶、安田 遥(ワニブックス)

参考文献
『現代の食卓に生かす「食物性味表」―薬膳ハンドブック』
日本中医食養学会 編
国立北京中医薬大学日本校・仙頭正四郎 監修(日本中医食養学会)

おくすり飯 114

著者　大友育美

2017年1月18日　初版発行

発行者	横内正昭
編集人	青柳有紀
発行所	株式会社ワニブックス
	〒150-8482　東京都渋谷区恵比寿4-4-9　えびす大黒ビル
	電話　03-5449-2711(代表)
	03-5449-2716(編集部)
	ワニブックスHP　http://www.wani.co.jp/
	WANI BOOKOUT　http://www.wanibookout.com/
印刷所	大日本印刷株式会社
DTP	株式会社 三協美術
製本所	ナショナル製本

定価はカバーに表示してあります。
落丁本・乱丁本は小社管理部宛にお送りください。送料は小社負担にてお取替えいたします。
ただし、古書店等で購入したものに関してはお取替えできません。
本書の一部、または全部を無断で複写・複製・転載・公衆送信することは
法律で認められた範囲を除いて禁じられています。

©大友育美2017　ISBN 978-4-8470-9528-3